Für Kilian und Moritz

FRANZ SCHNEIDER VERLAG

Harald Parigger
Ein Bäumchen, ganz für dich allein

Ein Adventskalender voller Geschichten

Mit Bildern von Petra Probst

Die Deutsche Bibliothek – CIP-Einheitsaufnahme

Ein Bäumchen ganz für dich allein : ein Adventskalender voller
Geschichten / Harald Parigger. Mit Bildern von Petra Probst. –
München : F. Schneider, 1991
  ISBN 3-505-04468-7

© 1991 by Franz Schneider Verlag GmbH
Frankfurter Ring 150 · 8000 München 40
Alle Rechte vorbehalten
Umschlagbild und Innenillustrationen: Petra Probst
Umschlaggestaltung: Claudia Böhmer
Lektorat: Helga Jokl
Herstellung: Manfred Prochnow
Satz: A. Huber GmbH & Co. KG, München
ISBN: 3-505-04468-7

Ein Kalender voller Geschichten

Vor einem Jahr, am ersten Dezember, kam Tante Lenchen zu Besuch, und ausnahmsweise brachte sie Stefanie etwas mit. Sonst saß sie immer nur da und aß den ganzen Sonntagskuchen auf. Aber diesmal gab sie Stefanie ein flaches Paket und sagte: „Für dich, mein liebes Kind!"
Stefanie bedankte sich und rannte gleich in ihr Zimmer, um das Geschenk auszupacken. Es war ein Adventskalender, ein prächtiges Ding mit lauter Engeln und Christbäumen darauf.
Stefanie machte gleich das erste Türchen auf. Ein kleiner Stern aus Schokolade steckte dahinter. Na ja, nicht schlecht, fand Stefanie. Sie verspeiste die Schokolade und hängte den Kalender mit einem Reißzwecken an die Wand. „Was wird's wohl morgen geben?" dachte sie und war schon sehr gespannt.
Aber als sie am nächsten Tag das zweite Türchen öffnete, was war dahinter? Schon wieder Schokolade. Diesmal war es ein Mond. Und am dritten Tag? Eine Nuß aus Schokolade. Und am vierten Tag? Ein Tannenbaum aus Schokolade. Stefanie fand den Adventskalender furchtbar langweilig. Nur Schokolade! Da wußte man ja immer schon vorher, was drin war! Vielleicht gab es wenigstens hinter der größten Tür etwas Besonderes? Hinter der Tür, auf der mit goldener Farbe eine Zwei und eine Vier gemalt

waren? Stefanie hob die Tür mit einem Fingernagel ganz vorsichtig an und guckte darunter. Natürlich, sie hatte es doch gewußt! Schokolade! Nein, da hatte sich Tante Lenchen wirklich nichts Besonderes einfallen lassen!

Am nächsten Tag besuchte Stefanie nach dem Mittagessen ihren Freund, den Herrn Kirschbaum. Der hatte ein kleines Geschäft ganz in der Nähe. Dort verkaufte er Obst und Gemüse. Er hatte immer etwas zu erzählen, und einen Apfel bekam sie meistens auch noch geschenkt.

Als sie die Ladentüre öffnete, bimmelte die Glocke, und Herr Kirschbaum kam sofort herbei. „Nun, meine Dame, was darf es denn sein?" fragte er freundlich.

„Och, eigentlich nichts", erwiderte Stefanie, „ich wollte dich nur besuchen und ein bißchen bei dir bleiben." Da freute sich Herr Kirschbaum sehr, denn um die Mittagszeit kamen nur wenig Leute in seinen Laden, und er hatte gern Gesellschaft.

Natürlich erzählte ihm Stefanie gleich von ihrem Adventskalender und wie langweilig der war. Das fand Herr Kirschbaum auch. „Jeden Tag Schokolade, das ist ja furchtbar", sagte er. „Davon kriegt man ja höchstens

Löcher in den Zähnen! Nein, man müßte etwas ganz anderes hineintun. Aber was?"
„Mmmh." Stefanie überlegte. „Vielleicht Fünfzigpfennigstücke?"
„Aber Stefanie!" rief Herr Kirschbaum entrüstet. „Jeden Tag ein Fünfzigpfennigstück? Das ist ja noch viel langweiliger als Schokolade! Ich glaube, ich habe eine bessere Idee."
Er ging zu einer der großen Holzkisten, die im Laden standen, und holte eine große Apfelsine. Die leuchtete richtig auf seiner Hand und duftete ganz fein.
„Jeden Tag eine Apfelsine?" fragte Stefanie. Mehr sagte sie nicht dazu, denn sie wollte Herrn Kirschbaum nicht beleidigen. Schließlich war er ja Obstverkäufer. Aber sie war mächtig enttäuscht. Jeden Tag eine Apfelsine! Das gäbe vielleicht einen dicken und schweren Adventskalender, und den allerallerlangweiligsten dazu!
Aber Herr Kirschbaum lachte nur. „So habe ich es nicht gemeint, Stefanie", sagte er. „Hör nur zu! Diese Apfelsine kommt aus einem fernen Land, in dem fast das ganze Jahr

über Sommer ist. Wenn sie reden könnte, was meinst du, was sie alles zu erzählen hätte!"
„Ich weiß!" rief Stefanie. „Wie sie als Blüte mit tausend anderen Blüten am Baum hing. Wie sie reif wurde und ihre schöne Farbe bekam."
„Und noch viel mehr", meinte Herr Kirschbaum. „Wie sie gepflückt wurde und in einem großen Schiff über das Meer fuhr. Wie sie zu mir in den Laden geraten ist. Und wer weiß, vielleicht liegt sie zu Weihnachten auf einem bunten Teller bei einem kleinen Mädchen wie dir. Was könnte sie da erst erzählen: Vom Heiligen Abend, wie ihr auf die Bescherung wartet und es vor lauter Spannung gar nicht mehr aushalten könnt..."
„Jetzt weiß ich, was du meinst!" rief Stefanie laut. „Eine

Apfelsine im Adventskalender ist langweilig. Aber eine Geschichte über eine Apfelsine ist spannend!"

„Genau das meine ich", nickte Herr Kirschbaum. „Ein Adventskalender mit lauter Geschichten über Menschen und Sachen. Mal lang und mal kurz, mal zum Nachdenken und mal zum Lachen. Dann hätte man jeden Tag etwas, worauf man sich freuen kann."

„Das wäre wirklich toll!" meinte Stefanie. „Nur: mit Schnee und Eis, mit Advent und Weihnachten müssen die Geschichten alle was zu tun haben. Denn schließlich sind es Adventskalendergeschichten!"

Aber dann sagte sie ein bißchen traurig: „Leider gibt es so einen Kalender nicht. Nur welche mit Schokolade. Und die sind ja so langweilig!"

Ein paar Tage später kaufte ich bei Herrn Kirschbaum eine große Tüte mit Apfelsinen. Da erzählte er mir, was sich Stefanie für einen Adventskalender gewünscht hatte. Zu Hause habe ich mich gleich an die Arbeit gemacht. Und da ist er nun, der Adventskalender, ganz ohne Schokolade, aber dafür mit lauter Geschichten zur Weihnachtszeit.

Und das war schon die erste Geschichte.

Auch Engel brauchen Urlaub

Vor Weihnachten war im Himmel die Hölle los.
Erst mußte der Schlitten des heiligen Nikolaus beladen werden, dann gab es eine Riesenmenge von Wunschzetteln zu bearbeiten. Auch mußten die Engel täglich auf die Erde fliegen, um all das zu reparieren, was die Menschen im Laufe des Jahres angestellt hatten. Denn zu Weihnachten sollte schließlich alles wieder in Ordnung sein. Weil die Menschen aber so viel Unsinn machten, hatten die Engel wirklich eine Menge zu tun.
Und dazu kamen natürlich noch ihre Pflichten als Schutzengel. Viele Erdenbewohner konnten einfach nicht auf sich selber aufpassen. Sie verwechselten die Tür mit dem Fenster, sie guckten nicht rechts und nicht links, wenn sie über die Straße gingen. Sie standen gerade dann an einer Hauswand, wenn ein Ziegel vom Dach fiel. Oder sie stutzten mit dem Beil ihren Christbaum für den Ständer zurecht und konnten nicht richtig zielen.
Immer mußten die armen Schutzengel eingreifen und das Schlimmste verhüten. Und das zu der ganzen Arbeit, die sie ohnehin zu erledigen hatten. Wie gesagt, vor Weihnachten war im Himmel die Hölle los.
Am ärgsten aber hatte es den Engel Leopold erwischt. Der war eigentlich ein fröhlicher Geselle und machte alles mit, aber diesmal hatte er die Nase voll.

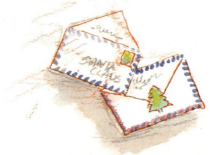

„Ich brauche Urlaub", hatte er den obersten Engelchef, den heiligen Petrus, angefleht. „Mindestens sechs Wochen auf einer Wolke in der Südsee.
Aber Petrus hatte nur ganz kühl geantwortet: „Vor Weihnachten Urlaub? Ausgeschlossen!"
Da war nichts zu machen, und Leopold mußte weiterschuften. Wunschzettel lesen, Geschenke verpacken. Dann im Sturzflug zur Erde sausen, ein paar zerstrittene Nachbarn versöhnen und einer armen Familie helfen. Und so weiter und so weiter.
Das alles hätte er ja spielend geschafft, aber seine Arbeit als Schutzengel machte ihn fix und fertig. Er mußte sich

nämlich um einen gewissen Kilian kümmern. Der war sechs Jahre alt und ein Lausbub von der schlimmsten Sorte.

Wer saß hoch oben auf dem morschen Ast im Apfelbaum? Kilian. Wer wollte unbedingt den bissigen Hund von Herrn Müller streicheln? Kilian. Wer kletterte nachts auf den wackligen Stuhl, um sich ein Stück Schokolade aus dem Schrank zu stibitzen? Kilian.

Und immer mußte der arme Leopold dasein, denn er war schließlich Kilians Schutzengel. Als Kilian vom Apfelbaum purzelte, fing er ihn sanft in seinen Armen auf. Dem bösen Hund hielt er das Maul zu, als der gerade zubeißen wollte. Den wackligen Stuhl packte er ganz fest, damit er nicht umfiel. Das alles machte er natürlich unsichtbar wie alle Schutzengel.

Deshalb sah Kilian nie, wie Leopold schwitzte und sich abrackerte. Aber wenn er es gesehen hätte, so hätte sich auch nichts geändert. Denn Kilian war eben ein arger Lausbub.

In diesem Jahr aber trieb er es zu bunt. Eine Woche vor Weihnachten war der Frost ins Land gekommen und hatte den Teich in der Nähe von Kilians Haus mit einer Schicht Eis überzogen. Kein Mensch wäre freilich auf die Idee gekommen, darauf spazierenzugehen, dazu war das Eis viel zu dünn. Kein Mensch – bis auf Kilian.

Jeden Tag probierte er es, auch wenn das Eis noch so schwankte und krachte. Natürlich wäre er jedes Mal eingebrochen, aber ... Ihr habt es längst erraten: Leopold, sein Schutzengel, half ihm. Er packte ihn am Schlafitt-

chen, wenn das Eis unter ihm zersplitterte, oder gab ihm rechtzeitig einen Stoß. Ja, einmal flog er sogar blitzschnell unter die Eisdecke und hielt sie von unten fest, nur damit der Lümmel nicht ins Wasser fiel. Hinterher mußte Leopold, der arme Teufel, dann naß und frierend zum Himmel fliegen, und als er oben ankam, hingen ihm die Eiszapfen an der Nase.

Aber jetzt reichte es ihm. Vor Kälte klapperte er mit den Zähnen. Vor ihm türmte sich ein Berg mit Wunschzetteln, die er noch nicht einmal angesehen hatte; kaum ein Geschenk war schon eingepackt.

„Alles wegen Kilian!" dachte Leopold, und er war so zornig, wie ein Engel nur sein kann. „Aber beim nächsten Mal laß' ich ihn ins Wasser fallen, so wahr ich Leopold heiße!"

Als Kilian am folgenden Tag wieder aufs Eis ging, flog Leopold hinter ihm her, aber er rührte keinen Finger. „Geh nur weiter, du Lümmel", dachte er, „dein Schutzengel hat für heute Feierabend!"

Die dünne Eisdecke ächzte und krachte unter Kilians Schritten, aber er achtete überhaupt nicht darauf. Ihm passierte ja nie etwas. Aber dann passierte doch etwas: Das Eis bog sich, knackte und knirschte und – zack! brach eine große Scholle heraus, und Kilian rutschte ins

eiskalte Wasser. Vor Schreck konnte er kein Glied rühren.
„Das hast du nun davon!" dachte Leopold. Dabei kicherte er ein bißchen schadenfroh, aber das dürft ihr niemandem weitererzählen, denn für einen Engel gehört sich so etwas natürlich nicht.
Er faßte Kilian am Kragen und zog ihn aus dem Wasser. Der lief bibbernd und tropfend nach Hause, und als seine Mutter ihn so sah, steckte sie ihn gleich mit zwei Wärmflaschen ins Bett und gab ihm Lindenblütentee zu trinken, damit er ordentlich schwitzte. Trotzdem mußte er während des ganzen Weihnachtsfestes mit einem dicken Schnupfen im Bett bleiben.
Der Engel Leopold aber durfte endlich in Urlaub fliegen, denn mit einem solchen Schnupfen konnte nicht einmal Kilian etwas anstellen.
Faul saß Leopold auf seiner Wolke in der Südsee, ließ sich von der Sonne bräunen und tat einfach gar nichts. Er mußte sich nämlich gut erholen, denn wenn der Kilian erst gesund war, dann ging es bestimmt wieder richtig los!

Das Lied vom Schneemann Willibald

Ich bin der Schneemann Willibald und steh' auf einer Wiese.
Ich friere nie, denn ich bin kalt, ein eisigkalter Riese.
Gemacht bin ich aus lauter Schnee, aus kleinen weißen Flocken,
bin weiß vom Scheitel bis zum Zeh, vom Hut bis zu den Socken.

Warum schau' ich so traurig drein? Hört, was ich euch erzähle:
Ich bin zwar kälter als ein Stein, hab' trotzdem eine Seele.
Ich bin doch wirklich gut gebaut und bin doch so alleine.
Ich wünsch' mir eine Schneemannsbraut, so eine weiße, kleine.

Möcht' tanzen gern mit meiner Braut nach einer flotten Weise
die Nacht durch, bis der Morgen graut, Schneewalzer auf dem Eise.
Doch leider hab' ich keine Braut, bin gar so sehr alleine!
Man könnte glauben, daß es taut, weil ich so bitter weine.

Jetzt scheint auch noch die Sonne her, ich weine und ich schwitze!
Nun bin ich bald kein Schneemann mehr, bin nur noch eine Pfütze.
Ich war der Schneemann Willibald und stand auf einer Wiese,
und ich fror nie, denn ich war kalt, ein eisigkalter Riese.

Flieg, Schneeball, flieg!

Thomas saß am Fenster seines Zimmers und schaute hinaus auf die verschneite Wiese.
Da war ein Lärmen und Lachen, er konnte es sogar durch die Scheiben hören. Eine tolle Schneeballschlacht war im Gange. Am weitesten konnte der Philipp werfen. Er war groß und stark, und wenn er einen kugelrunden Schneeball in die Luft schleuderte, dann glaubte man fast, es wäre ein Vogel, der da flog.
Wie gerne wäre Thomas bei den anderen Kindern gewesen und hätte mitgemacht! Er hätte einen festen, runden Ball aus dem kalten weißen Pulver geformt, und dann „flieg, Schneeball, flieg!" gerufen und ihm hinterhergeschaut, wie er durch die Luft sauste. Und vielleicht hätte er sogar jemand getroffen, den frechen Christian zum Beispiel. Hei, wie der geschimpft hätte!
Aber das würde wohl nie etwas werden.
Denn Thomas war anders als die anderen Kinder. Thomas hatte gelähmte Beine und konnte nicht gehen. Er saß in einem Stuhl, der hatte vorne zwei kleine und hinten zwei große Räder. Und wenn er von der Stelle kommen wollte, dann mußte ihn entweder jemand schieben oder er mußte selbst an den großen Rädern drehen.
Thomas hatte sich an seine Krankheit gewöhnt. Er fand sie eigentlich gar nicht mehr so schlimm. Ja, wenn er rich-

tig in Schwung kam, mit aller Kraft die Räder bewegte, rollte er so schnell, daß der schnellste Junge kaum hinterherkam. Auch so einen kleinen Schneeball konnte er mit Leichtigkeit weit werfen. Aber trotzdem durfte er nicht mitmachen. Die anderen wollten ihn nicht dabeihaben. Thomas verstand das nicht. Sie waren alle sehr freundlich zu ihm. Nie sagte einer „du blöder Idiot" oder „du Ochse" zu ihm. Dabei sagten sie das untereinander sehr oft. Aber es fragte auch nie jemand: „Willst du heute nachmittag mit zum Spielen kommen?"
Sie hatten Mitleid mit ihm, weil er nicht gehen konnte. Aber dabeihaben, nein, dabeihaben wollten sie ihn nicht. Er brauchte einen Stuhl mit Rädern, um sich zu bewegen. Deshalb durfte er nicht mit ihnen spielen.
Thomas sah traurig zu, wie draußen die Schneeballschlacht weiterging. „Flieg, Schneeball, flieg!" Wie gerne hätte er das gerufen.

Krach! Da sauste etwas gegen die Fensterscheibe, so heftig, daß sie klirrend zerbrach. Ein paar Scherben und ein bißchen Schnee fielen Thomas in den Schoß.
O weh, da hatte einer von den Jungen aber ganz schön etwas angerichtet. Wer es wohl gewesen war? Natürlich, der Philipp. Nur er konnte einen Schneeball mit solcher Kraft werfen. Thomas konnte genau sehen, wie er schuldbewußt herüberstarrte.
Was er wohl jetzt machen würde?
Da kam er schon zum Haus und klingelte. Na, der war wenigstens nicht feige.
Thomas rollte durch das Zimmer in den Flur und öffnete

die Tür. „Da hast du etwas Schönes angestellt", grinste er. Philipp war ganz verlegen. Und ein bißchen ängstlich war er auch. „Was mache ich denn jetzt?" fragte er.
Thomas erwiderte: „Am besten gar nichts. Außer mir ist niemand zu Hause."
„Ja, aber . . . wirst du denn deinen Eltern nichts sagen?"
„Nein, keine Angst", sagte Thomas, „ich bin doch keine Petze. Und außerdem werfe ich selbst so gerne mit Schneebällen."
„Du?" fragte Philipp erstaunt.. „Ja, aber wie . . .?"
„Meine Arme sind ganz gesund", meinte Thomas. „Ich glaube, ich kann ziemlich gut werfen."
Philipp dachte einen Moment nach. „Dann komm doch mit", sagte er schließlich. „Du kannst in meiner Mannschaft kämpfen."
Thomas freute sich sehr.
Draußen, auf dem gepflasterten Weg durch den Garten, wollte Philipp Thomas helfen. Aber der meinte: „Danke, das kann ich selbst!" Aber dann, auf der schneebedeckten Wiese, war er doch froh, als der starke Philipp ihn schob. Bald waren sie bei den anderen. Die guckten erstaunt. Aber natürlich sagte niemand etwas, nicht bei Philipp. Wenn er Thomas mitbrachte, dann war das schon in Ordnung.
Thomas beugte sich, so weit er konnte, aus dem Rollstuhl. Er nahm zwei Hände voll Schnee und formte daraus einen festen runden Ball.
„Na los", sagte Philipp.
Thomas warf mit aller Kraft. „Flieg, Schneeball, flieg!"

Weit sauste er durch die Luft, dort hinüber, wo der freche Christian stand und es gar nicht für möglich hielt, daß Thomas so weit werfen konnte. Thomas mit seinen kranken Beinen ...
Aber er konnte es und strahlte, weil er dabeisein durfte. Schon wieder hatte er einen Schneeball in den Händen, und dann noch einen und noch einen und noch einen. Flieg, Schneeball, flieg!

Florian will Flocken fangen

Es schneit, es schneit! Die dicken Flocken
woll'n Florian nach draußen locken!
Der Florian ruft: „Ich komm' sofort
und mache draußen Wintersport!

Doch vorher: Hemd und Hose an,
Schal, Strümpfe, Schuh und Mantel dann,
Handschuh und Mütze noch zum Schluß,
damit ich auch nicht frieren muß!"

Jetzt läuft er aber wie der Wind
nach draußen, wo die Flocken sind.
„Ich fang' euch alle, alle ein!
Wer möchte gern die erste sein?"

Dann hüpft und springt und hascht der Wicht,
doch einfach ist die Sache nicht.
Er kriegt die Flocken nicht zu fassen!
„Wollt ihr euch endlich greifen lassen?"

Die Flocken, die er fangen will,
die fallen weiter, weiß und still.
Sie würden, kann ich euch versichern,
wenn sie es könnten, ganz laut kichern.

So aber säuseln sie nur fein:
„Jetzt fangen wir dich selber ein!"
Schon fällt von eines Daches Stütze
ein Haufen Schnee auf Florians Mütze.

O weh, da ist der ganze Zwerg
bedeckt von einem Flockenberg,
und Kopf und Bauch und Bein und Zeh
sind eingehüllt in kalten Schnee!

Nur noch die Mütze schaut heraus.
Mit Flockenfangen ist es aus!
Dann schüttelt sich der kleine Mann,
bis er sich wieder sehen kann.

„Das sollen Winterfreuden sein?"
ruft er und schaut recht grimmig drein.
„Ihr Flocken, hört ihr, euer Treiben
das kann mir jetzt gestohlen bleiben!"

Er saust geschwind zurück ins Haus
und zieht sich seine Sachen aus:
Handschuh und Mantel, Schal und Schuh,
Hemd, Hose, Strümpfe noch dazu.

War das ein Spaß? Na ja, ein nasser!
Nun aber schnell ins heiße Wasser!
Da fühlt sich Florian wieder gut,
und schon bekommt er neuen Mut.

Er ruft den Flocken draußen zu:
„Ich laß' euch trotzdem nicht in Ruh,
weil ich euch einmal kriegen will!"
Die Flocken fallen weiß und still.

Sie würden, kann ich euch versichern,
wenn sie nur könnten, ganz laut kichern!

St. Nikolaus verläuft sich

Draußen, weit draußen vor der großen Stadt, wo die Felder und Wiesen am Waldrand enden, war es dunkel und still. Lautlos fiel der Schnee in dicken weißen Flocken aus den Wolken. Ein dichter weißer Schleier lag über dem Land, und die Bäume trugen weiße Mützen. Kein Mensch war weit und breit, nur ein Hase hoppelte über eine verschneite Wiese und scharrte hier und da den Schnee beiseite, um ein grünes Pflänzchen zu finden. Plötzlich stellte er seine langen Löffel hoch, lauschte regungslos und blinzelte erschrocken. Wie von Zauberhand teilten sich die Wolken über der Wiese, und der Schnee glitzerte im hellen Licht. Blitzschnell sauste der Hase in das schützende Dunkel des Waldes. Aber er hätte ruhig bleiben können, denn was da sacht, ganz sacht vom Himmel herabschwebte, war bestimmt nicht gefährlich für ihn. Ein großer Schlitten war es, auf dem eine rotgekleidete Gestalt saß. Zwei schwarze Pferde waren davorgespannt, denen mächtige Flügel aus dem Rücken wuchsen.

Der heilige Nikolaus – denn niemand anders war der Schlittenmann – erhob sich ächzend und lud einen gewaltigen Rucksack auf seinen Rücken. Dann tätschelte er seinen Pferden die Nüstern und winkte einmal kurz zum

Himmel hinauf. Das Licht erlosch, und das Land lag wieder in tiefer Dunkelheit.

„Macht's gut, ihr beiden", rief er den Pferden zu, „und werdet nicht ungeduldig! Ihr wißt ja, wie viele Besuche ich machen muß, und der Weg ist weit."

Die Pferde hoben die Köpfe und wieherten. Dann standen sie bewegungslos, und der Nikolaus machte sich auf den Weg in die große Stadt.

Er war längst nicht so streng, wie viele Eltern ihren Kindern immer erzählen, und freute sich darauf, seine Gaben zu verteilen. Nur das Laufen machte ihm Mühe, denn er war nicht mehr der Jüngste. Über fünfzehnhundert Jahre war er schon alt! Aber unverdrossen stapfte er durch den Schnee, bis er die Lichter der Stadt vor sich sah. Nun war es schon nicht mehr so still, denn immer mehr Autos sausten an ihm vorbei. Nur kurze Zeit dauerte es noch, dann war er mitten in der Stadt.

Große Lampen erleuchteten die Straßen, und die Autos flitzten nicht mehr an ihm vorüber, dazu waren es viel zu viele. Mühsam, wie Schnecken nach dem Regen, krochen sie über den Asphalt. Menschen eilten über die Bürgersteige, verschwanden in hellerleuchteten Geschäften oder kamen vollbepackt wieder heraus. Und laut war es! Autos hupten, Bremsen kreischten, und unzählige Füße machten „pitsch-patsch" im nassen Schnee. Aus Lautsprechern über den Schaufenstern erklangen Weihnachtslieder.

Der arme Nikolaus war ganz verwirrt. Wie sollte er sich in dem Durcheinander nur zurechtfinden? „Engelsgasse, Schneewittchenweg und Sternschnuppenstraße, da muß

ich zuerst hin", murmelte er in seinen weißen Bart. „Aber wie soll ich das jemals finden?" In seiner Not fragte er einen der vorüberhastenden Menschen: „Entschuldigen Sie, können Sie mir sagen . . .?"

„Keine Zeit, keine Zeit", antwortete der nur und lief gleich weiter.

Der Nikolaus probierte es noch mal, bei einer dicken Frau, die unter der Last ihrer Einkaufstüten keuchte. „Entschuldigung, können Sie mir sagen, wo ich die Engelsgasse finde oder den Schneewittchenweg oder die Sternschnuppenstraße?" fragte der Nikolaus.

Die Frau setzte ihre Tüten ab und schnaufte. „Nein, leider nicht", sagte sie. „Wissen Sie, ich kenne mich hier überhaupt nicht aus."

Also wieder nichts. Der Nikolaus bedankte sich und lief seufzend weiter. Wie der schwere Rucksack drückte! Als er um eine Ecke bog, kam eine Gruppe Männer auf ihn zu, mit roten Mänteln, roten Mützen und langen weißen Bärten – genau wie er selbst sahen sie aus, sechs Nikoläuse auf einmal!

„Holla, ein Kollege", lachte einer von ihnen und gab dem richtigen Nikolaus einen freundschaftlichen Stups. „Na, ist es nicht schrecklich, wenn man bei solchem Wetter arbeiten muß? Von welchem Kaufhaus kommst denn du?"

„Wieso Kaufhaus?" fragte der Nikolaus erstaunt.

„Ist doch klar!" sagte der falsche Nikolaus, „am Nikolaustag gibt es in allen Kaufhäusern Nikoläuse, damit mehr Menschen kommen und etwas kaufen."

Der Nikolaus war ganz durcheinander. „Also ich..., eigentlich komme ich direkt vom Himmel!"
„Vom Himmel!" lachten die sechs falschen Nikoläuse, „das ist gut! Direkt vom Himmel! Und dein Kaufhaus heißt wohl *Paradies*?" Damit zogen sie lachend weiter.
„Dummköpfe!" dachte der Nikolaus zornig. Die Menschen wurden doch immer verrückter. Jetzt verkleideten sie sich schon als Nikoläuse, nur damit die Geschäftsbesitzer noch mehr verdienten. Dabei sollte der Nikolaus doch Freude bringen, aber niemals beim Geldverdienen helfen! Verrückt, verrückt! Dem Nikolaus wurde traurig zumute. „Ob ich vielleicht in ein paar Jahren ganz überflüssig bin?" überlegte er. „Aber nein, wer den Menschen Freude bringt, der kann doch gar nicht überflüssig sein!" Müde stapfte er weiter durch die verschneiten Straßen. „Wenn ich nur wüßte, wie ich gehen muß", dachte er bekümmert. „Links? Rechts? Oder geradeaus?" Ohne daß er es gemerkt hatte, hatte er die lauten, hellen Straßen hinter sich gelassen. Dunkel war es jetzt, und die Häuser sahen nicht mehr so prächtig aus. Mühsam versuchte der Nikolaus, ein Straßenschild an einer Hauswand zu lesen. „*Krumme Gasse*", stand da. „Na ja, jetzt ist es schon egal", dachte er, „dann fange ich eben hier an!"

Er trat in einen dunklen Hausflur und stieg langsam die steile Treppe hinauf bis in den ersten Stock. Dann klingelte er an einer Tür und wartete. Bald klang es drinnen „klocklocklocklock", so wie wenn jemand auf kurzen Beinchen ganz schnell läuft.

Die Tür öffnete sich, und ein kleines Mädchen mit feuerroten Haaren schaute neugierig heraus. Dann kriegte die Kleine ganz große Augen. „Oh, der Nikolaus kommt!" rief sie. „Zu uns!" Fast hätte sie vor lauter Aufregung dem Nikolaus die Türe vor der Nase zugeschlagen, aber im letzten Moment besann sie sich und sagte höflich: „Bitte komm doch herein, lieber Nikolaus!" Dann aber sauste sie gleich wieder davon. „Der Nikolaus", jubelte sie, „der Nikolaus!"

Langsam folgte ihr der heilige Nikolaus, klopfte an die Tür, hinter der das Mädchen verschwunden war, und trat ein. In eine Küche kam er da, und zwar nicht gerade in eine von reichen Leuten. Einen großen alten Herd gab es, ein Waschbecken, ein paar Regale mit Vorhängen davor, einen wackligen Tisch und ein abgewetztes Sofa. Davor standen das Mädchen und zwei kleine Buben, wie drei Orgelpfeifen, und alle mit offenen Mündern.
„Wo sind denn eure Eltern?" fragte der Nikolaus.
„Also . . . Vati haben wir keinen mehr", erklärte das Mädchen, „und unsere Mutti muß noch arbeiten."
„So ist das also", sagte der Nikolaus, „so ist das also."
„Und du willst wirklich zu uns?" fragte das Mädchen.
„Ja", erwiderte der Nikolaus. Dann sah er den wackligen Tisch, das abgewetzte Sofa und die drei Kinder an und fügte hinzu: „Ja, zu euch will ich, zu euch ganz allein." Dann nahm er entschlossen den riesigen Rucksack von den Schultern, öffnete ihn, faßte ihn am unteren Ende und schüttete den ganzen Inhalt auf den Fußboden. Jubelnd stürzten sich die Kinder auf die ganzen Herrlichkeiten. Der Nikolaus aber warf sich den leeren Sack über die Schulter und verließ leise die Wohnung.
Er dachte an die vielen Kinder, die nun leer ausgehen würden, aber dann fiel ihm die ärmliche Küche ein, und er sah die lachenden Gesichter des Mädchens und seiner kleinen Brüder vor sich. „Es wird schon recht sein, was ich gemacht habe", dachte er da. Und von weit her hörte er eine leise Stimme, die sagte: „Ja, alter Nikolaus, das hast du schon recht gemacht!"

Den Weg zurück fand der Nikolaus ganz leicht. Bald war er wieder auf der verschneiten Wiese. Er tätschelte den Pferden die Köpfe, bestieg seinen Schlitten, das helle Licht erstrahlte, und der heilige Nikolaus schwebte langsam wieder hinauf, höher als ein Mensch je kommen kann.

Die anderen Kinder in der großen Stadt waren schrecklich enttäuscht, weil ihnen der Nikolaus nichts gebracht hatte. Aber in der Nacht hatten sie alle den gleichen Traum: Sie sahen die Küche mit dem wackligen Tisch und dem abgewetzten Sofa und davor die drei Kinder, die mit großen Augen zuschauten, wie der Nikolaus den ganzen großen Sack mit all den herrlichen Dingen darin vor ihren Füßen ausschüttete.

Als sie am Morgen aufwachten, waren sie gar nicht mehr enttäuscht. „Im nächsten Jahr wird der Nikolaus auch wieder zu uns kommen", sagten sie sich.

Und das wird er ganz bestimmt – wenn er sich nicht verläuft in den Straßen der großen Stadt.

Weihnacht bei Familie Maus

Ganz still ist's in der finsteren Wohnung. Alle sind schon ins Bett gegangen. Doch plötzlich knispert's und raschelt's hinter dem großen Schrank.
„Piep, piep, piep, zündet doch endlich die Laternen an", ruft ein feines Stimmchen.
Ratsch, ratsch, da brennt ein winziges Flämmchen. Ein, zwei, drei, vier, fünf, sechs Laternchen leuchten auf.
Vater Maus trägt die erste. Er ist schon ein älterer Herr mit einem prächtigen grauen Schnurrbart. Zur Feier des Tages hat er seinen schwarzen Frack angezogen.
Hinter ihm kommt Frau Maus. Sie schwitzt ordentlich, denn sie muß ihren großen Bauch vor sich herschleppen. Na ja, sie ißt halt so gern! „Schnell, Kinder, stellt den Weihnachtsbaum auf!" ruft sie.
Fritz und Willi Maus sausen zur großen Tanne, die in der Mitte des Zimmers steht. Fest genagt und gezogen, schon ist ein Zweig ab. Das ist der Christbaum. Adele und Kunigunde Maus schleppen einen riesigen Würfel aus Emmentaler Käse. Das ist der Christbaumständer. Die Kerzen sind aus Speck, und die Dochte aus Mäuseschnurrbarthaaren.
„Piep, piep, jetzt ist es aber Zeit zum Essen", meint Mama Maus.
„Au fein", ruft Willi. „Was gibt es denn?"

„Ein großes Mäusesuperluxusfesttagsessen", antwortet Mutter Maus voller Stolz. „Specksalat und Käsesuppe, dann Speckpfannkuchen und zum Nachtisch Käsetorte!"
„Und einen Schnaps für den Papa!" ruft Vater Maus.
„Aber vorher ist Bescherung!"
Was gibt es da für herrliche Geschenke! Eine Schnurrbartbürste für den Vater, aus Katzenhaaren gemacht. Eine rotweiß karierte Schürze für die Mutter. „Zwölf Mäuseschneider haben vierundzwanzig Tage daran genäht, bis sie groß genug für dich war", erzählt der Vater. „Und jetzt kannst du sogar noch zwölf Gramm zunehmen."
Frau Maus ist begeistert.
Fritz und Willi kriegen zwei nadelspitze Dolche.
„Falls ihr einmal mit der Katze kämpfen müßt", erklärt der Vater. Für Adele gibt es was zu lesen: *Das Käsekochbuch*. Denn sie ist schon fast so rund wie die Mäusemama und kocht für ihr Leben gern.

Kunigunde ist da ganz anders. Sie ist wie ihr Papa rank und schlank und überhaupt das schönste Mäusemädchen weit und breit. Deshalb hat der Vater eine große Flasche mit Parfüm für sie gekauft. Kunigunde freut sich sehr und nimmt gleich ein paar Tropfen davon.

„Du stinkst ja fürchterlich", sagt Fritz, aber das stört sie überhaupt nicht.

Als alle ihr Geschenk bekommen haben, befiehlt der Vater: „Nun singen wir ein Weihnachtslied" und fängt auch gleich an:

„Was raschelt da und huscht und piept?
Familie Maus kommt aus dem Nest,
weil es hier Speck und Käse gibt,
denn heute ist das Weihnachtsfest.
Das Weihnachtsfest ist endlich da,
piep, piep, hurra, piep, piep, hurra!"

Mutter und Kinder stimmen fröhlich mit ein. Achtzehn Strophen hat das Mäuseweihnachtslied. Am Schluß sind alle so heiser, daß sie kaum mehr „piep" sagen können.

„Nun wollen wir aber endlich essen", krächzt Frau Maus und deckt den Tisch mit einer extragroßen Speckschwartentischdecke.

Mmh, wie die duftet! Eine große Schmauserei beginnt, und wenn einer seinen Teller nicht leer essen kann – Mama Maus ist auch noch da.

Vater kriegt seinen Schnaps und fühlt sich danach ganz stark und mutig. „Wenn jetzt die Katze kommt", meint er stolz, „dann soll sie nur kommen! Sie hat keine Chance. Kei-ne Chance!"

Endlich sind alle satt. Wirklich alle? O weh, was ist das? Alle Kerzen gehen aus! Der Christbaum wackelt und wackelt ... und fällt um!

„Mutter, Mutter", schimpft Papa Maus, „du hast wieder den Christbaumständer aufgegessen!"

„Er war aber auch zu köstlich", meint die Mama verlegen. Aber Vater Maus ist richtig ärgerlich. „Und was wäre nun, wenn durch die brennenden Kerzen ein Feuer ausgebrochen wäre?" fragt er.

„Keine Sorge", sagt Mutter Maus. „Die Kerzen habe ich doch auch verspeist."

Da sagt Herr Maus nichts mehr. Er bindet seiner Frau die neue Schürze um, und siehe da! Sie paßt genau! Zwölf Gramm hat Mama Maus zugenommen.

Als sie aber nun schnell noch einmal an der Tischdecke knabbern will, faßt der Vater sie um die Hüften. „Kusch! Nichts gibt's mehr! Kein Gramm!" Er pfeift eine lustige Melodie und schwenkt seine Mäusin im Kreis zu einem flotten Tänzchen.

„Du bist immer noch so ein wunderbarer Tänzer wie damals", flüstert sie ganz verliebt und verdreht die Augen. Ob sie das wohl bloß tut, weil ihr schwindlig wird?
Keine Maus wird es je erfahren, denn plötzlich – tap … tap … tap …
„Piep, piep, piep, die Katze!" rufen alle entsetzt. Willi und Fritz werfen ihre Dolche weit weg, Adeles *Käsekochbuch* fällt vom Tisch, und Kunigundes Parfümflasche – kracks! – zerbricht, als sie auf dem Boden landet. Mutter Maus rennt so schnell, daß die neue Schürze gleich wieder zu weit wird. Sogar Vater Maus vergißt seinen ganzen Mut und saust auf den großen Schrank zu. Ein Knispern und Rascheln noch, ein ängstliches „Piep, piep!" und die ganze Gesellschaft ist verschwunden.
So ist das Weihnachtsfest bei Familie Maus. Also ehrlich, Kinder, mir wäre das zu aufregend. Ich feiere lieber bei euch!

Vier Wünsche

Es waren einmal zwei Schwestern, die hießen die schöne Gitte und die nette Lotte. Sie waren beide an einem Adventssonntag geboren und darum rechte Glückskinder, sollte man meinen. Nun, ihr werdet ja sehen!
Gitte war wirklich wunderschön. Sie hatte große blaue Augen, ihre blonden Haare glänzten wie Seide, und ihre Fingernägel waren rot lackiert. Sie trug immer die tollsten Kleider und Pelzmäntel und dazu passende Lackschuhe. Sie sah wirklich ganz entzückend aus. Deswegen nannten sie auch alle die schöne Gitte.
Lotte war nicht so besonders schön. Sie hatte braune Augen, kurze braune Haare und trug viel lieber Hosen als tolle Kleider. Ihre Fingernägel zu lackieren, hatte sie schon gar keine Lust. Aber sie war immer freundlich und gut gelaunt, und hilfsbereit war sie auch. Deshalb wurde sie von allen nur die nette Lotte genannt.
Die beiden Schwestern saßen oft zusammen in dem Häuschen, in dem sie mit ihren Eltern wohnten. Dann kämmte Gitte ihr langes blondes Haar und erzählte von dem schönen Prinzen, der bestimmt bald kommen und sie heiraten würde. In einem prächtigen Schloß würde sie dann wohnen und dreimal am Tag ein neues Kleid anziehen. Herrlich würde das sein!
Lotte sagte meistens kein Wort dazu. Aber im stillen

dachte sie: „Arme Gitte! Vielleicht mußt du noch lange sitzen und träumen. Denn schöne Prinzen gibt es gar so selten." Aber das sagte sie nie laut, denn sie war eben die nette Lotte und wollte ihre Schwester nicht ärgern.
So saßen sie auch einmal am Nachmittag vor dem Heiligen Abend. Das war gerade der vierte Advent.
Die schöne Gitte kämmte ihr blondes Haar und sagte wie so oft: „Morgen kommt bestimmt der schöne Prinz..."
Aber weiter kam sie nicht.
„So ein Unfug!" schimpfte da plötzlich eine Stimme. „Morgen kommt das Christkind, und daran solltest du denken, nicht an deinen albernen Prinzen!"
Die beiden Mädchen erschraken. Aber Lotte faßte sich bald ein Herz und fragte: „Wer bist du? Und wo bist du?"
„Ich bin die Weihnachtsfee. Wartet, gleich könnt ihr mich sehen!" antwortete die Stimme. Wie aus dem Nichts wuchsen vier große Kerzen aus dem Boden und leuchteten hell. Und zwischen ihnen stand die Weihnachtsfee. Aber das war mir schon eine Fee! Gar nicht lieblich anzusehen, sondern alt und verhutzelt, mit grauen Haaren und einem Gesicht voller Falten. Die ganze Person war so groß wie ein Gartenzwerg, und das ist ja wirklich nicht sehr groß.
„Du bist die Weihnachtsfee?" fragte Gitte erstaunt. „Aber eine Fee muß doch schön sein, so wie ich ungefähr, und du siehst überhaupt nicht schön aus."
„Glaubst du denn, daß man Schönheit immer sehen kann?" erwiderte die Weihnachtsfee. „Ich bin viel zu alt, um noch schön aussehen zu wollen. Seit fast zweitausend

Jahren komme ich im Auftrag des Christkinds auf die Erde, immer am vierten Advent. Dann haben zwei Menschenkinder vier Wünsche frei. Du meine Güte, was haben sich die Menschen in all den Jahren für Unsinn gewünscht! Vor lauter Kummer bin ich immer mehr geschrumpft, und mein Gesicht ist ganz faltig geworden. In diesem Jahr ist die Wahl des Christkinds auf euch gefallen. Macht das Beste daraus!"

Die Weihnachtsfee gab jedem der Mädchen ein kleines Feuerzeug. „Gleich werden die vier Kerzen verlöschen", sagte sie. „Mit dem Feuerzeug dürft ihr sie wieder anzünden und euch viermal etwas wünschen. Aber achtet darauf, daß die Lichter nicht wieder ausgehen, bevor ihr euren letzten Wunsch genannt habt. Sonst sind alle Wünsche verloren."

Dann war die Weihnachtsfee verschwunden, und von den Kerzen, die eben noch hell gebrannt hatten, stieg nur noch leichter Rauch auf.

Gitte entzündete sofort das Feuerzeug. Ach, was sie nicht alles für Wünsche hatte! Schon brannten die Kerzen wieder. „Ich möchte niemals Falten bekommen, und mein

Haar soll immer so blond bleiben", rief sie und dachte, das wäre der erste Wunsch.

„Das waren schon zwei!" kam von weit her die Stimme der Weihnachtsfee.

Gitte erschrak. Jetzt mußte sie aber aufpassen! Gleich wollte sie sich ihren Prinzen herbeiwünschen. Aber plötzlich wurde es so warm, und sie schwitzte, weil sie auch in der Stube ihren Pelzmantel nicht ausgezogen hatte. Und ehe sie noch darüber nachdachte, rief sie: „Puh, ist mir warm! Wenn doch jetzt ein kühler Wind käme!"
Schon war er da und blies die Kerzen aus.
Oje, da waren alle Wünsche verloren! Die schöne Gitte war sehr traurig. Hätte sie doch bloß besser aufgepaßt! Doch jetzt war die nette Lotte dran. Vielleicht hatte sie mehr Glück.

Lotte dachte gründlich nach. Was sollte sie sich wünschen? Mit ihren braunen Haaren war sie eigentlich ganz zufrieden, ein paar Falten fand sie auch nicht so schlimm, und einen schönen Prinzen, nein, den brauchte sie wirklich nicht!

Endlich zündete sie noch einmal alle vier Kerzen an und sagte: „Ich habe eigentlich nur einen Wunsch: Daß ich mit allen Menschen, die ich gern habe, noch viele Jahre lang ein frohes Weihnachtsfest feiern kann!"

Kaum hatte sie ausgesprochen, da erstrahlte das Zimmer in hellem Glanz, und die Weihnachtsfee stand wieder vor den beiden Mädchen. Sie war immer noch klein und alt, aber wie schön sah sie jetzt aus!

„Das war ein guter Wunsch", sagte sie zu Lotte und lächelte dabei. „Der beste, den ich seit langem gehört habe. Nun weiß ich, daß sich nicht alle Menschen nur dummes Zeug wünschen! Das Christkind wird deinen Wunsch erfüllen." Damit verschwand die Weihnachtsfee. Die nette Lotte aber feierte wirklich viele frohe Weihnachtsfeste, und weil sie die schöne Gitte trotz allem so gern hatte, durfte sie mitfeiern.

Wer weiß, vielleicht begegnet auch euch einmal die Weihnachtsfee. Was würdet ihr euch dann wünschen? Macht das Beste daraus!

Ein Bäumchen, ganz für dich allein!

Ganz oben unterm Dach wohnte die alte Frau Koch. Sie war eine kleine Dame mit weißen Haaren und faltigen Händen. Ihre Augen waren ganz hellblau und tränten ein bißchen, so daß ihr oft ein paar Tropfen über die faltigen Wangen liefen.

„Warum weint sie denn immer?" hatte Sebastian einmal seine Mutter gefragt.

Aber die Mutter hatte geantwortet: „Sie weint nicht. Alte Leute haben oft tränende Augen."

Sebastian mochte die alte Frau Koch nicht besonders. Er wußte nicht genau, warum. Sie war eigentlich immer ganz freundlich zu ihm. Aber irgendwie war sie anders als alle Menschen, die er kannte. Und sie roch so ... so alt.

Sebastian begegnete ihr oft, wenn sie mit langsamen, kleinen Schritten die Treppe hinaufging. Dann kam sie vom Einkaufen oder hatte im Briefkasten nachgeschaut, ob der Postbote etwas hineingesteckt hatte. Aber es war nie etwas drin. Das wußte Sebastian genau.

Als sie sich das erste Mal trafen, bald nachdem Sebastians Familie hierhergezogen war, sagte sie zu ihm: „Guten Tag, Kleiner."

„Guten Tag", antwortete Sebastian, „aber ich bin nicht klein!" Er war doch schon fünf!

Seitdem sagte sie immer nur freundlich: „Guten Tag",

und er sagte auch: „Guten Tag." Dann schlüpfte er schnell an ihr vorbei, denn sie war ihm ein bißchen unheimlich, so anders und so alt.
Nun lebte Sebastian schon einige Monate in der neuen Wohnung, und noch immer mochte er die alte Frau Koch nicht besonders.
Dann kam die Weihnachtszeit.
An einem Nachmittag ging Sebastian mit seinem Bruder in die Stadt, um einen Tannenbaum zu kaufen. Sie bewunderten die weihnachtlich geschmückten Straßen und den herrlichen Christbaum, der auf dem Marktplatz stand, über und über mit Lichtern behangen. Dann kauften sie einen schönen Baum und machten sich auf den Heimweg.
„Ob die alte Frau Koch wohl auch einen Christbaum hat?" fragte Sebastian plötzlich.
„Die braucht doch keinen", antwortete sein Bruder, „die ist doch ganz allein. Und wenn sie einen sehen will, dann kann sie ja auf den Marktplatz gehen!"
Das ging dem Sebastian nicht aus dem Kopf. „Die ist doch ganz allein!" Er konnte sich nicht genau vorstellen, wie es war, ganz allein zu sein. Aber sicher nicht schön und bestimmt furchtbar langweilig. Und dann hatte sie nicht mal einen Weihnachtsbaum!
Als sie zu Hause waren, machte er sich gleich an seinem Sparschwein zu schaffen. Dann lief er noch einmal zum Marktplatz. Dort kaufte er ein winzigkleines Bäumchen, denn mehr Geld hatte er nicht, und ein größeres konnte er allein auch gar nicht tragen. Daheim erbettelte er von

der Mutter ein bißchen Silberlametta und schnitt aus Goldpapier einen Stern. Damit schmückte er das Bäumchen.

Dann nahm er es und stieg mit klopfendem Herzen die Treppe hinauf zur Wohnung der alten Frau Koch. Er klingelte. Nach einer Zeit hörte er ihre vorsichtigen, langsamen Schritte, und dann öffnete sie die Tür.

Sebastian hielt ihr den kleinen Tannenbaum hin und sagte: „Ein Bäumchen, ganz für dich allein!"

Die alte Frau sah ihn mit ihren hellblauen Augen an und sagte nur: „Danke." Wie immer lief ihr ein bißchen Wasser über die runzligen Wangen, aber diesmal waren es richtige Tränen.

Plötzlich mochte Sebastian die alte Frau Koch gut leiden. Und dabei blieb es.

Ich freu' mich so auf Weihnachten!

„Wenn doch schon Heiligabend wär'!
Die Zeit will nicht vergehen,
die Freude macht das Warten schwer!
Kannst du das nicht verstehen?"

Die Mutter sieht Christine an:
„Glaub mir, was ich dir sage:
Ob ich mich auch so freuen kann,
das ist noch sehr die Frage!

Ihr seid die ganze Zeit vergnügt,
freut euch auf die Geschenke,
auf das, was ihr zu essen kriegt –
wenn ich an all das denke!

Wer kauft die guten Dinge ein,
die euch dann so gut schmecken,
wer macht die ganze Wohnung rein,
putzt Fenster, Türen, Ecken?

Ich backe, brate, putz' und koch',
muß auch den Christbaum schmücken,
zum Schluß hab' ich den Abwasch noch –
und das soll mich entzücken?

Dann, wenn ihr unterm Christbaum sitzt
wie Fürsten oder Grafen,
dann bin ich müde und verschwitzt
und möchte nur noch schlafen."

Christine sagt: „Das tut mir leid,
da hast du nichts zu lachen!
Wir sind vergnügt zur Weihnachtszeit,
du mußt die Arbeit machen.

Doch diesmal helfen wir dir so,
woll'n keine Arbeit scheuen,
dann bist auch du zur Weihnacht froh
und kannst dich mit uns freuen!"

Heiligabend ohne Vater

Schschsch ... langsam und leise schob sich das rote Ungeheuer in den Bahnhof. Schschsch ... noch einmal zischten die Bremsen, dann stand die große Lokomotive, und der ganze lange Zug hielt. Die Reise war zu Ende. Überall öffneten sich die Türen, und viele Menschen, bepackt mit Koffern und Taschen, stiegen aus. Manche von ihnen wurden auf dem Bahnsteig schon erwartet. Das war dann eine Freude, ein Lachen und Erzählen! Auch Johannes stand auf dem Bahnsteig und wartete. Aber nicht auf irgendeinen einfachen Fahrgast. Johannes wartete auf den wichtigsten Mann im ganzen Zug, auf den Lokführer. Der war nämlich sein Vater. Da stand er

schon, vorne in der kleinen Tür des Führerhauses, sprang auf den Boden und blickte sich suchend um. Johannes winkte und rannte seinem Vater direkt in die Arme.
„Nanu", lachte der, „du holst mich ganz allein ab? Du bist ganz allein auf dem großen Bahnhof?"
„Nein, nein", meinte Johannes. „Die Mutti steht da hinten unter der großen Uhr. Aber ich wollte dich einmal ganz für mich allein haben. Wo du doch so lange weg warst!"
„Das versteh' ich", sagte Vater und drückte den Johannes ganz fest. „Aber jetzt bin ich ja wieder da."
„Ja, bis zum nächsten Mal", seufzte Johannes, „bis du wieder in deine große Lokomotive steigst." Dann nahm er Vaters große Hand in seine kleine, und sie marschierten zusammen zur Mutter.
Als sie daheim waren, sagte der Vater plötzlich: „Hört einmal zu, ihr beiden. Ich muß euch etwas sagen." Ganz ernst klang seine Stimme.
Die Mutter und Johannes blickten ihn neugierig an. Was gab es wohl so Wichtiges?
„Es ist so", fuhr der Vater fort, „ich kann diesmal Weihnachten nicht bei euch sein. Ich muß für einen kranken Kollegen einspringen und seinen Zug übernehmen."
„Nein!" rief die Mutter. „Das darf doch nicht wahr sein! An so vielen Sonntagen bist du schon unterwegs gewesen, und jetzt auch noch am Heiligabend? Nein, nein, nein!"
Johannes sagte gar nichts. Aber ihm war zum Heulen. Den Christbaum anzünden, die Weihnachtsbratwurst

essen, die Bescherung – alles ohne Vater. Das war doch kein Weihnachten! Er stand auf und rannte aus dem Zimmer. An der Tür aber drehte er sich noch einmal um. „Deine blöde Lokomotive!" schrie er. „Hoffentlich fällt sie bald auseinander!"
Als er am Abend ins Bett gegangen war, konnte Johannes nicht einschlafen. Er mußte daran denken, wie das wäre, Heiligabend ohne seinen Vater. Bestimmt nicht schön. Aber hätte er deshalb seinen Vater so anschreien müssen? Endlich stand er auf und tappte durch den dunklen Flur ins Wohnzimmer.
Da saß der Vater noch, ganz allein, und trank ein Bier. „Na, kleiner Mann", sagte er, „du kannst wohl auch nicht einschlafen? Komm einmal her zu mir!" Johannes kletterte auf seinen Schoß, und plötzlich kullerten ihm die Tränen über die Backen. „Wenn du nicht da bist, Papa", schluchzte er und schniefte ordentlich dabei, „dann will ich, glaub' ich, überhaupt gar nicht Weihnachten feiern!"

„Na, na", sagte der Vater, „jetzt hör einmal zu. Die Mutti braucht dich doch. Wenn ich mit meinem Zug unterwegs bin, bist du doch der einzige Mann im Haus. Deshalb mußt du dich zu Weihnachten um die Mutti kümmern. Du mußt ihr helfen, den Christbaum aufzustellen, den Tisch zu decken, und beim Abtrocknen helfen mußt du ihr auch. Versprichst du mir das?"
Johannes nickte schniefend. Der Vater gab ihm sein großes Taschentuch, um die Nase zu putzen und die Tränen abzuwischen. „Und jetzt will ich dir noch etwas sagen", fuhr er fort. „Ein Lokführer ist dazu da, die Menschen von einem Ort zum anderen zu bringen. Damit sie einander besuchen und sich über ein Wiedersehen freuen können. Stell dir vor, es gäbe keine Lokführer. Wie sollte da zum Beispiel die Oma zu uns kommen können?"
Ja, das verstand Johannes. Denn die Oma, die er sehr lieb hatte, kam immer mit dem Zug. Schrecklich, wenn es keine Lokführer gäbe!

„Und gerade zu Weihnachten", sagte der Vater, „wollen so viele Omas ihre Enkel besuchen, Kinder wollen zu ihren Eltern, viele Menschen möchten ihre Freunde wiedersehen. Und da kommt nun der Johannes und sagt: ‚Mein Papa darf zu Weihnachten nicht auf seiner blöden Lokomotive fahren!' Da müßten viele Omas allein bleiben, und viele Kinder dürften nicht zu ihren Eltern. Fändest du das richtig?"

Johannes schüttelte den Kopf. Das wollte er wirklich nicht.

„Siehst du", meinte der Vater. „Ein Lokomotivführer ist ein wichtiger Mann, besonders zu Weihnachten. Denn er bringt die Menschen zusammen. Deshalb darfst du nicht traurig sein, wenn ich am Heiligen Abend unterwegs sein muß. Alles klar, kleiner Mann?"

Johannes nickte. Natürlich war er immer noch traurig. Aber er war auch mächtig stolz. Denn sein Vater brachte die Menschen zusammen. Besonders zu Weihnachten.

Adventsliedchen

Das alte Jahr ist müd und matt,
kalt ist es, und es schneit.
Vom Baume fällt das letzte Blatt.
Nun kommt die stille Zeit.

Doch habt Geduld, bald ist's soweit,
dann kommt mit aller Pracht,
mit Glockenklang und Fröhlichkeit
des Jahres schönste Nacht.

Erst zünden wir ein Lichtlein an,
es leuchtet wie ein Stern,
damit ein jeder sehen kann,
die Weihnacht ist nicht fern.

Schon brennt das zweite Lichtlein hell,
bald leuchten drei und vier.
Doch läuft die Zeit auch noch so schnell,
sehnsüchtig warten wir!

Dann endlich, endlich ist's soweit,
dann kommt mit aller Pracht,
mit Glockenklang und Fröhlichkeit
des Jahres schönste Nacht!

Herrn Grimmelshausens wundersame Weihnachtsreise

Herr Grimmelshausen war unzufrieden. Seine Arbeit machte ihm keinen Spaß, mit seiner Frau stritt er sich den ganzen Tag, und mit seinen beiden Kindern schimpfte er nur. Er ärgerte sich über die Menschen, über das Wetter, über alles. Niemand konnte ihm etwas recht machen, niemand hatte ihn jemals zufrieden gesehen. Ja, sogar wenn er in den Spiegel schaute, verzog er das Gesicht, denn nicht einmal sich selbst konnte er leiden.
Einmal saß Herr Grimmelshausen am Heiligen Abend in seinem Lehnstuhl am Fenster und blickte finster vor sich hin. Denn auch das Weihnachtsfest war für ihn kein Grund zur Freude. Es waren Tage wie alle anderen, an denen er von Ärger und Unzufriedenheit erfüllt war. Am liebsten hätte er sie verschlafen!
Herr Grimmelshausen gähnte und schloß die Augen und nickte tatsächlich ein.
Er erwachte von einem heftigen Ruck, der ihm durch den ganzen Körper ging. Als er die Augen öffnete, sah er zu seinem Entsetzen, daß er auf seinem Lehnstuhl hoch in der Luft schwebte. „He, was soll das?" schrie er. „Sofort will ich herunter!" Er zappelte mit den Beinen und versuchte, auf den Boden zu springen, aber es nützte nichts. Er blieb sitzen, als wäre er festgeklebt. Plötzlich öffneten

sich die Fensterflügel, und hui! flog der Stuhl mit Herrn Grimmelshausen hinaus in die Winternacht.

Herr Grimmelshausen schimpfte und tobte noch eine ganze Weile. Dann verlegte er sich aufs Bitten: „Laß mich doch herunter, ich möchte nach Hause!" So hoch war er nämlich mit seinem seltsamen Gefährt gestiegen, daß er sich zu fürchten begann. Außerdem zitterte er vor Kälte. Aber der Stuhl war so schweigsam wie alle Stühle und antwortete nicht. Sie flogen und flogen, und nichts war zu hören als das Rauschen des Windes. So war auch Herr Grimmelshausen schließlich still und kauerte sich, so gut es ging, zusammen. „Wohin diese schreckliche Reise wohl geht?" dachte er bei sich.

Allmählich gewöhnten sich seine Augen an die Dunkelheit. Da sah er, daß neben ihm drei große schwarze Vögel durch die Nacht flogen. Lautlos hoben und senkten sich ihre Flügel. Herrn Grimmelshausen wurde es recht unheimlich zumute. „Wer seid ihr?" rief er ängstlich und hoffte kaum, daß er eine Antwort bekäme.

Doch der erste Vogel krächzte: „Ich bin der Rabe des armseligen Weihnachtsfestes."

„Ich bin der Rabe des traurigen Weihnachtsfestes", krächzte der zweite, und der dritte krächzte: „Ich bin der Rabe des einsamen Weihnachtsfestes."
„Was wollt ihr von mir?" fragte Herr Grimmelshausen. Doch die Vögel antworteten nicht mehr.
Endlich senkte sich der Stuhl und schwebte vor ein Fenster, hinter dem ein trübes Licht schimmerte. Der erste Rabe flog auf Herrn Grimmelshausens Schulter. „Schau hinein!" befahl er.
Herr Grimmelshausen blickte durch das Fenster und sah erst jetzt, daß es zerbrochen war. Dahinter befand sich ein armseliges Zimmer, das von einer einzigen nackten Glüh-

birne beleuchtet wurde. Die Tapeten hingen in Fetzen von den Wänden, und kein Teppich lag auf dem Boden. Nur wenig Möbel gab es in dem Raum, einen Tisch, eine Kiste, ein paar Hocker. Auf dem Boden lagen vier schmale Matratzen, auf denen sechs Menschen hockten: die Eltern und vier Kinder. Sie sprachen miteinander, aber keine Hoffnung, keine Weihnachtsfreude war in ihren Stimmen. Keine bunt verpackten Geschenke gab es, und keinen Christbaum. Auf dem Tisch lagen ein Laib Brot und eine Wurst.

Herr Grimmelshausen war erschrocken. Gab es wirklich Menschen, die so arm waren? Darüber hatte er noch niemals nachgedacht.

Plötzlich flatterte der Rabe von seiner Schulter, flog durch die zerbrochene Scheibe in das Zimmer und schnappte sich die Wurst.

„Halt, nein, das darfst du nicht", schrie Herr Grimmelshausen. „Wie kannst du den armen Menschen das wenige, was sie zu essen haben, wegnehmen?"

Der Rabe ließ die Wurst achtlos fallen. „Warum sagst du das?" antwortete er. „Du hast genug zu essen und bist doch unzufrieden. Siehst du, das war ein armseliges Weihnachtsfest!" Kaum hatte er ausgesprochen, da erhob sich der Stuhl wieder in die Höhe, und weiter ging der Flug durch die Nacht.

„Warum bin ich so unzufrieden?" dachte Herr Grimmelshausen. „In solcher Not muß ich nicht leben!"

Bald schwebte der Stuhl wieder herab, bis vor das Fenster eines prächtigen, hellerleuchteten Hauses. Es war, trotz

der kalten Nacht, weit geöffnet, und Herr Grimmelshausen spürte die Wärme, die aus dem Zimmer drang. Da flog der zweite Rabe auf seine Schulter. „Schau hinein!" befahl er.

Herr Grimmelshausen erblickte kostbare Möbel und dicke Teppiche. Silberne Kerzenleuchter standen auf einer weißgedeckten Tafel mit den köstlichsten Speisen, und eine große, herrlich geschmückte Tanne reckte ihren Wipfel bis zur Decke. Vier Menschen saßen an der Tafel, aber sie sprachen nicht miteinander. Ihre Gesichter waren traurig und verzweifelt. Nur ein kleines Kind, das auf dem Boden krabbelte und spielte, jauchzte und lachte.

Herr Grimmelshausen war bekümmert über die Trauer in den Gesichtern der Menschen. Warum waren sie so verzweifelt? Über so etwas hatte er noch nie nachgedacht. Auf einmal flatterte der Rabe durch das offene Fenster in das Zimmer und hackte mit dem Schnabel nach dem Kind. Da erschrak es und begann zu weinen.

„Halt, das darfst du nicht tun!" schrie Herr Grimmelshausen. „Wie kannst du den traurigen Menschen ihre einzige Freude nehmen!"

„Warum sagst du das?" erwiderte der Rabe. „Du hast eine fröhliche Familie und bist trotzdem unzufrieden! Siehst du, das war ein trauriges Weihnachtsfest."

Wieder stieg der Lehnstuhl in die Höhe, und wieder flogen sie durch die Dunkelheit.

„Warum bin ich so unzufrieden?" dachte Herr Grimmelshausen. „In solcher Traurigkeit muß ich nicht leben."

Ein drittes Mal schwebte der Stuhl herab und hielt vor

einem winzigen Dachfensterchen. Der dritte Rabe setzte sich auf Herrn Grimmelshausens Schulter. „Schau hinein!" befahl er.

Herr Grimmelshausen sah in eine kleine Kammer. Ein Stuhl, ein Tisch, ein Bett und ein Schrank waren darin. Ein winziges Lichtlein flackerte auf dem Tisch. Auf dem Stuhl saß ein alter Mann und verbarg das Gesicht in den Händen. Einmal hob er den Kopf und schaute sehnsüchtig hinaus in die Dunkelheit.

Da erkannte Herr Grimmelshausen entsetzt, daß der Mann genauso aussah wie er selbst. Wäre es nicht furchtbar, so einsam leben zu müssen? Darüber hatte er noch nie nachgedacht.

Plötzlich zwängte sich der Rabe durch den offenen Spalt des Fensterchens, flog zu der Kerze und löschte sie mit seinem Schnabel aus.

„Halt, halt, nein, das darfst du nicht tun", schrie Herr Grimmelshausen verzweifelt. „Wie kannst du dem einsamen Mann seinen letzten Trost nehmen?"

„Warum sagst du das?" fragte der Rabe. „Du warst nie allein und bist trotzdem unzufrieden! Siehst du, das war ein einsames Weihnachtsfest."

Als der Stuhl diesmal wieder in die Lüfte stieg, stießen die drei Raben einen durchdringenden Schrei aus und verschwanden.

Herr Grimmelshausen zitterte, aber nicht mehr vor Kälte, sondern vor Entsetzen über das, was er gesehen hatte. Der alte Mann in dem Zimmerchen, das war er selbst! Mußte er eines Tages in solcher Einsamkeit leben? Warum war er

bisher nur so unzufrieden gewesen? Wenn er doch jetzt nur nach Hause dürfte!

Als ob er seinen sehnlichen Wunsch erhört hätte, schwebte der Lehnstuhl nach langem Flug durch das offene Fenster in Herrn Grimmelshausens Wohnung. Und da stand er nun, als ob nichts gewesen wäre. Herr Grimmelshausen aber blieb noch einen Moment sitzen.

„Armseligkeit, Traurigkeit und Einsamkeit sind schlimme Weihnachtsgäste", sagte er leise zu sich. „Bei mir haben sie nicht an die Tür geklopft. Warum also soll ich unzufrieden sein?"

Dann sprang er auf und lief erleichtert und froh in das Zimmer, in dem seine Frau und seine Kinder schon auf ihn warteten.

In sein Herz waren Freude und Zufriedenheit eingekehrt: Es war Weihnachten!

Plätzchenbacken

Mütterchen backt in der Küche
Plätzchen für den Weihnachtsschmaus.
Und die herrlichsten Gerüche
ziehen durch das ganze Haus.

Mutters Plätzchen, die sind klasse,
weil sie nur das Beste nimmt:
Feinste Butter, Mandelmasse,
Honig, weißes Mehl und Zimt.

Fünfzehn Eier, ungelogen,
Haselnüsse, frisch geknackt,
dann geröstet und gewogen
und mit Sorgfalt kleingehackt.

Bergeweise Schokolade,
gelben Ingwer, süß und scharf,
ach, es ist doch ewig schade,
daß man noch nicht probieren darf!

Seht nur, wie die Mutter schuftet!
Vater Max und Fritz, der Sohn,
riechen, wie es köstlich duftet,
und es knurrt ihr Magen schon.

Dann ruft Mutter: „Meine Schätzchen,
diesmal ging es wie der Blitz!
Gleich gibt es die ersten Plätzchen!"
Oh, wie strahlen Max und Fritz!

Und sie essen mit Behagen
eine ganze Schüssel leer,
streichen über ihren Magen,
rufen laut: „Wir möchten mehr!

Die mit Marzipan und Nüßchen
sind die besten, das ist klar.
Mutter, komm, du kriegst ein Küßchen,
denn du backst so wunderbar!"

Die Weihnachtszimmertür

Es war einmal ein Mann, der hatte drei Söhne. Der Älteste hatte Schultern, so breit wie ein Schrank. Seine Muskeln waren eisenhart und seine Fäuste so groß wie Kohlköpfe. Der zweite hielt sich für unglaublich schlau. Er wußte alles, er konnte alles. Das dachte er jedenfalls. Der Jüngste war nicht besonders stark. Er glaubte auch nicht, daß er superklug war. Bevor er etwas tat, überlegte er immer erst zweimal, und seine Fäuste gebrauchte er nur ganz selten. Deshalb verachteten ihn seine Brüder.
„Ein schwächliches Kerlchen", sagte der Starke. „Der kann ja nicht einmal richtig zuhaun!"
„Ein Dummbeutel", meinte der Schlaue. „Bis der zu Ende gedacht hat, ist die Welt untergegangen."
Aber der Jüngste machte sich nichts daraus. „Laß sie nur reden", sagte er immer und dachte sich sein Teil.
Der Vater hatte alle seine Söhne gleich lieb, wie es sich für einen guten Vater gehört. Aber einmal wollte er prüfen, welcher von den dreien wohl der tüchtigste wäre. Also sagte er zu ihnen: „Wie ihr wißt, ist bald Weihnachten. Und wie immer werden im Weihnachtszimmer die schönsten Geschenke bereitliegen. Aber diesmal ist das Zimmer fest verschlossen. Wem von euch es gelingt, die Tür zu öffnen, dem soll alles gehören. Die anderen aber gehen leer aus." Damit entließ er seine Söhne.

Die beiden älteren Brüder sagten: „Das ist ja eine Kleinigkeit!"

Nur der Jüngste meinte: „Ganz so leicht wird es uns der Vater nicht gemacht haben!"

„Ach Quatsch", meinte der Starke, „das Türchen mache ich mit zwei Fingern auf!"

„Ich habe schon einen außerordentlich klugen Einfall, wie ich die Tür öffne", erklärte der Schlaue.

Nur der jüngste Bruder sagte nichts, denn er wußte noch nicht, was er tun sollte.

Endlich war der Weihnachtstag gekommen. Als erster versuchte der starke Bruder, in das Zimmer zu gelangen. Er nahm einen gewaltigen Anlauf und warf sich gegen die Tür. Rumms! Da lag er auf dem Boden, und die linke Schulter tat ihm furchtbar weh. Er versuchte es noch einmal. Rumms! Da lag er wieder, und nun tat ihm auch die rechte Schulter weh. Er stand ächzend auf und trommelte mit seinen Riesenfäusten gegen die Tür. Aber die rührte sich nicht einmal. Denn sie war aus dicken Eisenplatten. Da halfen alle Muskeln nichts! Hinkend und voller blauer Flecke ging der Starke zu seinen Brüdern und sagte kläglich: „Ich bin heute nicht in Form – leider: die Tür ist immer noch zu."

Der zweite Bruder wollte es wie immer besonders klug anstellen. Er ging zu einem berühmten Einbrecher und ließ sich für teures Geld ein Dutzend Dietriche anfertigen. „Das wär' doch gelacht", dachte er, „einer paßt bestimmt!" Er steckte den ersten Dietrich ins Türschloß und fummelte und drehte und probierte – er paßte nicht. Beim zweiten war es genauso. Beim dritten aber: Kracks! Da war ihm der Bart abgebrochen, und nun ging gar nichts mehr, denn das Schloß war verstopft. Er ging zu seinen Brüdern und sagte kläglich: „Das Schloß taugt nichts – leider: die Tür ist immer noch zu."

Nun durfte der Jüngste sein Glück probieren. Der Älteste tätschelte ihm den Kopf und meinte: „Du hast keine Chance, Kleiner, denn du hast nicht meine Muskeln!" Der zweite klopfte ihm auf die Schulter und sagte: „Du schaffst es nie, du Ärmster, denn du hast nicht mein Gehirn!"

Er aber hörte gar nicht auf sie, sondern dachte erst einmal lange nach. Und weil ihm nichts einfiel, legte er sich ins Bett und schlief ein Stündchen. Als er wieder erwachte, dachte er noch einmal lange nach. Wie machte man wohl eine Weihnachtszimmertür auf, die aus Eisenplatten war und zu der kein Schlüssel paßte? Er kam einfach nicht darauf.

Traurig setzte er sich an seinen Tisch. „Wenn es schon keine Weihnachtsgeschenke gibt, will ich mir wenigstens eine Kerze anzünden", sagte er sich. Als das kleine Lichtlein brannte, fühlte er sich gleich viel wohler, und ihm wurde warm ums Herz.

Da dachte er: „Wenn eine Kerze das Herz der Menschen öffnen kann, kann sie vielleicht auch eine Weihnachtszimmertür öffnen!" Er nahm das Lichtlein und ging, ganz vorsichtig, damit es nicht verlösche, zu der dicken Eisentür. Dann hielt er die kleine Flamme direkt an das Schloß. Klack! machte es, und die Tür sprang auf. Staunend sah der Junge den Christbaum und die vielen Geschenke. War das eine Pracht! Freudestrahlend lief er zu seinen Brüdern und erzählte ihnen, wie er die Tür geöffnet hatte.

Da schauten die beiden so dumm und so traurig drein, daß der gute Junge Mitleid bekam. „Warum seid ihr so niedergeschlagen?" rief er. „Freut euch doch mit mir! Und die Geschenke werden natürlich gerecht geteilt!"

Da strahlten auch seine Brüder und riefen wie aus einem Mund: „Du bist der tüchtigste von uns!"

„Das will ich meinen", erwiderte der Jüngste. Dann nahmen sie alle an der großen Tafel Platz und verspeisten fröhlich den Weihnachtsbraten. Und die kleine Kerze schien so hell wie ein ganzer Kronleuchter.

Der Gute-Laune-Zwetschgenmann

Wißt ihr, was ein Zwetschgenmännlein ist? Da wird aus Draht ein Gerippe mit Armen und Beinen geformt und mit lauter getrockneten Zwetschgen besteckt. Oben drauf kommt eine Walnuß als Kopf, nun noch Jacke und Hose um den dürren Leib geknöpft, Augen, Nase und Mund auf das runzlige Nußgesicht gemalt, und fertig ist der ganze Mann. Natürlich gibt es auch Zwetschgenweiblein, und was für schöne, nur Zwetschgenkinder habe ich noch nie gesehen. Das würde ja auch gar nicht passen, wenn Kinder schon runzlige Nußgesichter hätten und einen Leib, so dürr wie Trockenpflaumen!
Nun könnte einer natürlich sagen: „Was geht mich so ein Zwetschgenmann an! Ich mag überhaupt keine Zwetschgen, und getrocknete schon gar nicht. Ja, wenn er aus Schokolade wäre..."
Wenn einer so redet, dann kann ich das wohl verstehen (ich esse nämlich auch sehr gerne Schokolade), aber dummes Zeug ist es doch! Wer hat denn etwas von essen gesagt? Ein Zwetschgenmännlein ist viel zu schade dazu, und ein Zwetschgenweiblein auch. Und wer an einem Adventssonntag über den Weihnachtsmarkt geht und bei einer Marktfrau ein Zwetschgenmännlein oder -weiblein kauft, dem passiert vielleicht etwas ganz Wunderbares...
Aber hört selbst, was Peter und Susanne erlebten!

Peter und Susanne waren Zwillinge. Wer sie kannte, sagte: „Gott sei Dank, daß es zwei sind!" So nett waren sie. Alle Leute fanden das. Aber eine Ausnahme gab es, und, stellt euch vor, das war ihr eigener Großvater!

Schon, als sie noch ganz klein waren, durften sie nie auf seinen Schoß klettern, denn er hatte Angst, daß ihre Windeln vielleicht nicht ganz dicht wären. Wenn einer mal hinfiel und zu heulen anfing, dann schimpfte der Großvater: „Schreihals! Nervensäge!" Und wenn sie ihn jetzt einmal besuchten, dann sollten sie möglichst nichts reden, denn das störte ihn. Singen und pfeifen durften sie nicht, denn das regte ihn furchtbar auf. Nur wenn sie bald wieder gingen, dann sagte er ganz freundlich: „Auf Wiedersehen!" Aber er meinte wohl eher: „Auf Nimmerwiedersehen." Er war wirklich ein schrecklicher Griesgram, ganz unausstehlich! Jeder sagte: „Laßt ihn doch allein, wenn er allein sein will!"

Aber das ließen Peter und Susanne nicht gelten. „Er ist schließlich unser Großvater", sagten sie. „Wir wollen, daß er sich freut, wenn wir kommen!" Doch was sie auch taten, der Großvater wurde kein bißchen freundlicher. „Es ist schon ein Kreuz mit ihm", seufzte Susanne wieder einmal, als sie an einem Sonntag im Advent mit Peter über den Weihnachtsmarkt schlenderte.

„Ja, wirklich", erwiderte Peter. „Schau dir alle die tollen Sachen hier an. Wenn ich dir jetzt gebrannte Mandeln kaufe oder einen Liebesapfel oder Lebkuchen oder Zuckerwatte, freust du dich dann?"

„Na, klar!" sagte Susanne.

„Aber was würden wir von unserem Opa zu hören kriegen?" fragte Peter und gab gleich selbst die Antwort: „Die Mandeln sind zu hart, der Liebesapfel ist zu süß, der Lebkuchen ist zu trocken, die Zuckerwatte ist zu klebrig."
„Ja, ja", meinte Susanne, „ich bin da ganz anders. Ich würde mich echt darüber freuen, wenn du mir zum Beispiel ein bißchen Zuckerwatte kaufst!"
„Hab' schon verstanden", brummte Peter. „Weil du's bist." Sie gingen zum nächsten Stand, und Peter kaufte zwei große Portionen Zuckerwatte.
Er hatte gerade bezahlt, da stieß ihn Susanne an. „Du, schau mal! Die Zwetschgenmänner! Sind die nicht süß? Wäre das nicht etwas..."
„Für unseren Schlechte-Laune-Opa?" fragte Peter zweifelnd. „Wir können es ja versuchen!"
„Den da nehmen wir!" sagte Susanne. „Den mit der Pfeife!"
Tatsächlich, das war ein besonders schöner Zwetschgenmann. Er trug einen lustig karierten Anzug und hatte ein flottes Hütchen auf. Um den Hals hatte er eine große grüne Fliege, und aus der Pfeife in seiner Hand quoll Watte hervor, wie richtiger Rauch. Das Beste war aber sein Gesicht. Mitten in der Runzelnuß saß ein rotes Knubbelnäschen, der Mund lachte von einem Ohr zum andern, und die Augen, die Augen leuchteten wie bei einem lebendigen Menschen.
„Klar, den nehmen wir", sagte auch Peter. Sie bezahlten und warfen noch einen sehnsüchtigen Blick auf das schöne Taschengeld. „Alles für den alten Meckeropa",

maulte Peter. „Aber vielleicht freut er sich ja wenigstens darüber."

Sie fuhren mit der Straßenbahn bis zu dem Platz, wo das hohe alte Haus stand, in dem der Großvater seine Wohnung hatte.

An der Tür meinte Susanne: „Bestimmt ist er wieder sooo unfreundlich!"

Und so war es dann auch. Dreimal mußten sie klingeln, bis er aufmachte. Und als sie riefen: „Grüß dich, Opa", fragte er bloß: „Ihr wollt doch nicht etwa reinkommen?" Peter entgegnete schnell: „Nein, nein, wir wollten dir nur etwas bringen!" Dabei drückte er dem Großvater das Zwetschgenmännlein in die Hand und sah ihn gespannt an. Was würde er sagen?

Na, was wohl! „Ein Zwetschgenmann! Was soll ich denn damit? Der wird ja bloß staubig."

Da wurde es den Kindern aber zu bunt. „Dann mußt du ihn eben putzen!" rief Susanne, zog Peter mit sich und lief die Treppe hinunter. „Nie wieder", schimpfte sie noch, dann knallte unten die Haustür zu, und weg waren die Zwillinge.

„Frechheit", brummte der Großvater. „Ein Zwetschgenmann! Das soll wohl heißen: Ich sehe auch so runzlig aus wie der. Nichts wie ärgern tun einen diese Kinder."

„Papperlapapp, ärgern!" ertönte da ein feines Stimmchen. „Wenigstens bedanken hättest du dich können, alter Griesgram!"

Der alte Mann fuhr zusammen. Träumte er? Wer hatte da gesprochen?

„Nein, nein, du träumst nicht. Hier bin ich, in deiner Hand! Und du solltest dich schämen, zu deinen Enkelkindern immer so unfreundlich zu sein!"

Der Großvater blickte auf seine ausgestreckte Hand hinunter, auf der das Zwetschgenmännlein lag. Dessen Augen blitzten, und obwohl es doch so schimpfte, lachte und strahlte es ihn an. Eine ganz komische Sache war es mit diesem Lachen. Dem Großvater kam es vor, als ob ihn jemand kitzelte. Ob er wollte oder nicht, er mußte einfach mitlachen.

„Na, also, das war doch schon sehr gut", sagte der Zwetschgenmann.

Da kriegte der Großvater seine schlechte Laune sofort wieder. „Hör auf mit dem blöden Grinsen!" fauchte er. „Es gibt überhaupt keinen Grund zum Lachen!"

„Es gibt doch einen Grund", erwiderte das Männlein. „Schau mich nur an!"

Der Alte blickte in das strahlende Gesichtchen – und schon lachte er wieder. Das kam ihm ganz wunderbar vor, denn er hatte schon lange nicht mehr richtig gelacht. „Warum muß ich eigentlich lachen, wenn ich dich anschaue?" fragte er.

„Das ist ganz einfach", entgegnete der Zwetschgenmann. „Ich habe immer gute Laune, und gute Laune ist ansteckend. Und außerdem denkst du an die Zeit, als du selbst noch ein kleiner Junge warst."

Wirklich, das stimmte. Der Großvater erinnerte sich an den fröhlichen Knirps, der jetzt ein mürrischer alter Mann war. Wie aufregend war die Weihnachtszeit immer

gewesen, mit ihren wunderbaren Gerüchen und Geheimnissen. An einem der vier Adventssonntage hatte er immer mit der Mutter beim großen Kachelofen gesessen und Zwetschgenmännlein und -weiblein gebastelt, mit runzligen Nußgesichtern und roten Knubbelnasen. Und jetzt lag ein solcher Zwetschgenmann auf seiner Hand. Der Großvater konnte gar nicht anders, er mußte schon wieder lachen.

„Na siehst du", meinte der Zwetschgenmann, „da haben die Kinder ihr Taschengeld doch ganz gut angelegt."

„Mmmh", brummte der Großvater, „und ich habe noch mit ihnen geschimpft." Er ging schnell zum Telefon und wählte eine Nummer. „Hallo, Peter, bist du's? Hier ist Opa. Ich wollte euch nur für den nächsten Sonntag einladen. Kuchen gibt's genug und Limonade einen ganzen Kasten!"

Peter war sprachlos. Der Großvater lud sie ein? Er war so verdutzt, daß er zu stottern anfing. „Dadadanke fffür die Einladung. Eees iiist uns eine Eeehre!"

Da passierte das Unglaubliche. Der Großvater lachte, er lachte herzlich und laut! „Für mich ist es auch eine Ehre",

sagte er, „auf Wiedersehen, und viele Grüße an Susanne!"
Dann legte er den Hörer auf.

„Na, wie hab' ich das gemacht?" fragte er den Zwetschgenmann.

„Ganz prima", sagte der und strahlte. „So machst du es jetzt immer."

„Genau", rief der Großvater, „und du bekommst einen Ehrenplatz auf dem Schreibtisch, mein Gute-Laune-Zwetschgenmann!"

Was soll ich euch noch erzählen? Es wurde nicht nur ein toller Adventssonntag mit viel Kuchen und Limonade, sondern die Zwillinge hatten nun einen Großvater, der fast immer freundlich und gut gelaunt war. Denn immer, wenn er sich so richtig ärgern wollte, sah er zu dem Zwetschgenmännlein auf dem Schreibtisch hinüber. Und wenn er einmal nicht zu Hause war, dachte er an das strahlende runzlige Nußgesicht. Dann war er gleich wieder guter Dinge.

Ihr glaubt, ich schwindle euch etwas vor? Ein Mann, der bloß aus Zwetschgen, Draht und einer Nuß besteht, kann nicht reden und nicht lachen und schon gar nicht gute Laune machen? Dann schenkt einmal einem alten Griesgram einen Zwetschgenmann. Ihr werdet staunen, was dann passiert!

Das Weihnachtsgespenst

Bum, bum, bum ... Martin zählte die Schläge der großen Kirchturmuhr. Bum, bum, bum, bum, bum.
„Acht Uhr ist es schon", sagte er zu seiner Schwester Juliane. „Wo bloß die Eltern bleiben?"
„Laß sie doch auch einmal ausgehen", meinte Juliane. „Oder hast du etwa Angst?"
„Angst!" rief Martin verächtlich. „Natürlich habe ich keine Angst! Aber findest du es richtig, daß sie uns am vierten Advent so einfach allein lassen?"
Juliane gab keine Antwort. Eigentlich war es ganz lustig gewesen, den Tag mit Martin allein zu verbringen. Aber jetzt, wo es draußen dunkel war, allein in dem alten Haus, in dem sie erst seit ein paar Wochen wohnten..., und dann dieses unheimliche „Bum, bum, bum" ... Juliane schüttelte sich. Allmählich könnten die Eltern wirklich nach Hause kommen.
Martin sah sie an und grinste. „Ich glaube, *du* hast Angst. Aber keine Sorge, ich beschütze di... Hast du das gehört?" Nun war er gar nicht mehr mutig, der Martin. „Hast du das gehört?"
Juliane spitzte die Ohren. Tatsächlich, da schlurfte jemand durchs Haus, und bei jedem Schritt klirrte es leise.
„Ein Einbrecher, ein Drache, ein Ungeheuer, ein Gespenst", flüsterte Martin schreckensbleich.

„Oh weh, und der will mich beschützen", dachte Juliane. Aber auch ihr war ziemlich mulmig zumute. Ob nicht doch alles Einbildung war? Aber nein, da war es schon wieder: schlurfende Schritte und ein leises Klingeln. Näher und näher kam das Geräusch ... Martin sprang auf und versteckte sich hinter dem großen Vorhang, aber Juliane saß nur da und starrte auf die Tür, die sich knarrend öffnete.

Dann trat eine Gestalt ins Zimmer, und wie sah sie aus! Entsetzlich hager war sie, hatte langes weißes Haar und einen dünnen Bart. Überall, an den Ohren, auf der Brust, am Gürtel und an den Handgelenken trug sie bunte gläserne Christbaumkugeln, die bei jeder Bewegung leise klirrten. Die Schuhe, auf denen die sonderbare Erscheinung ins Zimmer geschlurft kam, waren zwei Christbaumständer, über ihren Schultern hing ein Umhang, der aus lauter Lametta geflochten war. Nein, wer so aussah, war nicht allzu grauenerregend.

Julianes Furcht war jedenfalls wie weggeblasen, und sogar Martin, der Angsthase, spitzte hinter dem Vorhang hervor. „Was bist du?" fragte er zaghaft. „Ein Einbrecher, ein Drache, ein Ungeheuer oder ein Gespenst?"

Die Erscheinung antwortete entrüstet: „Sehe ich vielleicht wie ein Dieb aus, oder speie ich Feuer?" Dann fügte sie bekümmert hinzu: „Nein, ich bin nur ein Gespenst, und ein ganz armseliges dazu. Denn die richtigen Gespenster, die kommen um Mitternacht, klappern mit ihren Knochen und erschrecken die Leute. Aber ich bin bloß komisch. Nicht einmal du hast Angst vor mir!"

Juliane bekam großes Mitleid mit dem armen Gespenst. „Ich finde zwar überhaupt nichts Nettes dabei, Menschen zu erschrecken, aber wenn es dir hilft, will ich mich gerne fürchten", meinte sie.

„Nein, nein", rief das Gespenst, „das brauchst du wirklich nicht. Es ist nur ... es macht mir überhaupt keinen Spaß, herumzupuken. Deshalb möchte ich schrecklich gern erlöst werden."

„Ja, was hast du denn eigentlich angestellt, daß du so durch die Gegend geistern mußt?" fragte Martin und kam hinter dem Vorhang hervor.

„Das ist schnell erzählt", erwiderte das Gespenst. „Vor langen Jahren war ich der Besitzer dieses Hauses. Ich hatte eine große Fabrik für Christbaumschmuck und war schwer reich. Aber ich wollte immer noch reicher werden. Das Weihnachtsfest interessierte mich überhaupt nicht, nur das Geld, das ich daran verdiente. Zur Strafe muß ich nun jedes Jahr am vierten Advent als Weihnachtsgespenst durch dieses Haus geistern! In diesem Aufzug! Mit Lametta, Glaskugeln und Christbaumständern! Es ist entsetzlich!"

„Du Ärmster, was mußt du durchmachen!" rief Juliane voller Mitleid. „Können wir dir vielleicht helfen?"

„O ja, das könnt ihr", sagte das Gespenst eifrig. „Wenn ich einmal mit jemandem richtig Weihnachten feiere, dann bin ich erlöst. Ihr müßtet mich also einladen. Würdet ihr das tun?"

„Klar, machen wir!" schrie Martin begeistert. „Weihnachten mit einem echten Weihnachtsgespenst, das ist

das Größte! Ich kenn' ein paar Leute, die würden platzen vor Neid, wenn sie das wüßten!"

„Also abgemacht!" sagte das Gespenst. „Und vielen Dank für die Einladung!" Damit schlurfte es leise klingelnd zur Tür hinaus.

„Eine Sensation", sagte Martin.

„Das arme Gespenst!" meinte Juliane.

Als bald darauf die Eltern heimkamen, erzählten die Kinder aufgeregt von ihrem seltsamen Gast. „Wir müssen ihn unbedingt erlösen!" riefen sie. Die Eltern waren nicht sehr begeistert, denn sie hatten für Gespenster nicht allzuviel übrig. Aber was sollten sie machen? Einen Geist kann man schließlich nicht einfach wieder ausladen.

Am Heiligen Abend waren die Kinder vor Ungeduld ganz zappelig. Ob das Weihnachtsgespenst wohl kommen würde?

Es kam! Kaum waren die Kerzen am Christbaum angezündet, hörten alle die schlurfenden Schritte und das leise Klingeln. Gleich darauf öffnete sich die Tür, und das Gespenst trat ins Zimmer. Sein Lamettaumhang und die bunten Kugeln schimmerten im Kerzenlicht.

„Frohes Fest!" wünschte es und machte einen tiefen Diener. Dann ging das Weihnachtsgespenst auf den herrlich geschmückten Baum zu. „Entschuldigen Sie meine Neugier", sagte es zu den Eltern, „aber wissen Sie, ich bin Fachmann!"

Es sah sich die Kugeln, das Lametta und die Christbaumspitze genau an und meinte dann: „Sehr gute Arbeit. Damit könnte man eine Menge Geld verdienen..."

„Vorsicht, Vorsicht!" rief Juliane. „Oder willst du vielleicht weiter herumspuken?"

Das Gespenst fuhr erschrocken zusammen. „Alles, nur das nicht!" jammerte es. Die Kugeln klirrten ordentlich, so riß es sich zusammen.

Den ganzen Abend über sprach es nun nicht ein einziges Mal mehr vom Geldverdienen. Es sah den Kindern beim Geschenkeauspacken zu, erzählte, was es als Gespenst erlebt hatte, und sang sogar ein Weihnachtslied. Alle waren vergnügt, und die Zeit verging wie im Fluge.

Dann schlug die große Kirchturmuhr zwölf. Kaum war der letzte Schlag verklungen, rief das Gespenst: „Vielen Dank, ich bin erlöst. Juhu, nie mehr spuken!" Und weg war es. Nur noch ein paar glitzernde Lammettafäden lagen an seinem Platz.

Zuerst waren die Kinder ein bißchen traurig. Aber sie trösteten sich schnell, denn schließlich hatten sie etwas ganz Besonderes erlebt: Weihnachten mit einem echten Weihnachtsgespenst.

Ein Geschenk fürs Herz

Anne wollte ihrem Bruder Hannes ein Weihnachtsgeschenk machen, denn sie mochte ihn sehr gut leiden. Sie wußte auch schon, was. Einen Rauschgoldengel natürlich! Einen Rauschgoldengel mit goldenen Flügeln, goldenem Haar und goldenem Kleid, mit rosigem Gesicht und himmelblauen Augen.
Ganz in der Nähe war ein kleiner Laden, der hieß *Geschenke fürs Herz*. Darin gab es die wunderbarsten Engel. Einen davon wollte Anne für Hannes aussuchen. Aber als sie sich die Preisschildchen anguckte, traute sie ihren Augen nicht. So eine Gemeinheit! Die waren ja furchtbar teuer! Soviel Geld hatte sie nicht.
„Von wegen *Geschenke fürs Herz*", dachte Anne erbost. „Geschenke für ein dickes Portemonnaie!" Aber was jetzt? Wie wäre es ..., na klar! Sie würde selber einen Engel basteln, einen richtigen Engel fürs Herz!
Zu Hause machte sie sich gleich an die Arbeit. Sie legte eine rosa Kerze in einem Teller auf die Heizung, bis sie weich war. Dann rollte sie ein Stück davon zu einem kugelrunden Kopf. Nun mußte er noch bemalt werden. Anne nahm ihren Wasserfarbenkasten und malte mit einem feinen Pinsel ein kirschrotes Mündchen auf den Wachskopf. Doch – da war kein Mund, nur winzige rote Tröpfchen glänzten auf dem Wachs. Wahrscheinlich

mußte sie mehr Farbe nehmen. Also noch einmal! Doch da waren wieder nur diese blöden Tröpfchen. Wütend warf Anne die Kugel in eine Ecke.
So ging es nicht! Vielleicht mit Pappe? Aus einem Stück Karton schnitt Anne einen Kopf aus. Als sie fertig war, betrachtete sie ihr Werk. Scheußlich! Der Kopf sah aus wie ein Ei! Energisch schnipselte Anne daran herum. Erst war er so groß wie ein Fünfmarkstück, dann wie ein Markstück und dann nur noch wie ein Zehnerl. Und immer noch war er nicht richtig rund. Da flog er in die Ecke! Nein, mit Pappe ging es auch nicht. „Überhaupt", dachte Anne, „den Kopf macht man erst zum Schluß. Das Kleid geht bestimmt einfacher."
Sie holte sich von der Mutter einen Bogen Goldpapier und eine Tube Klebstoff. Nun konnte es richtig losgehen. Vorsichtig schnitt Anne ein Stück Goldpapier aus und rollte es zusammen. Eine Röhre! Aber ein Engel hat doch keine Röhre an!
Anne überlegte. „Ich muß einfach ein größeres Stück nehmen." Wieder eine Röhre! Noch ein größeres Stück? Wieder eine Röhre! Anne verlor langsam die Geduld. Wie macht man bloß einen Rock? Endlich . . ., na klar, das war die Lösung! Wenn sie einfach einen Engelmann machte, dann konnte sie ihm auch eine Hose anziehen. Und eine Hose besteht – aus zwei Röhren!
Triumphierend suchte Anne zwei Goldpapierstücke heraus, die gleich groß waren, so ungefähr wenigstens, und rollte sie zusammen. Jetzt kam sie endlich voran mit ihrem Engel! Sie öffnete die Klebstofftube und drückte

darauf. Blubb! machte es, aber nichts kam heraus. Noch einmal! Blubb! War das nicht zum Haareraufen? Anne legte die ganze Hand um die Tube und drückte mit aller Kraft. Jetzt kam der Klebstoff, und wie!

Entsetzt starrte Anne die schönen goldenen Hosenbeine an: Alles voller Kleister, und ihre Hände auch. „Jetzt reicht es!" schrie sie, hob die Kugel und die Pappe vom Boden auf, nahm Tube und Goldpapier und warf die ganze Bescherung in den Papierkorb. „Wenn ihr kein Engel werden wollt, seid ihr selbst schuld", schimpfte sie. Aber gleich darauf mußte sie lachen. „Ich bin vielleicht eine tolle Bastlerin", dachte sie. „Der arme Hannes, jetzt kriegt er kein Geschenk."

Doch da fiel ihr etwas ein. Basteln konnte sie wirklich nicht so besonders. Aber Geschichten erzählen, das konnte sie. Also setzte sie sich hin und schrieb in ihrer schönsten Schrift auf ein weißes Blatt Papier: „Anne wollte ihrem Bruder Hannes ein Weihnachtsgeschenk machen, denn sie konnte ihn sehr gut leiden . . ." Dann schrieb sie die ganze Bastelgeschichte auf, und Hannes bekam sie zu Weihnachten. Er lachte sich halb kaputt darüber. Dann sagte er: „Vielen Dank, Anne. Deine Geschichte ist viel, viel schöner als der schönste Rauschgoldengel. Denn ein Geschenk, über das man lachen kann, das ist wirklich ein Geschenk fürs Herz!"

Der Hampelmannzauberer

„Oh, ist das schön!" Mit großen Augen bestaunte Gisela, was da glitzernd und funkelnd unter dem Christbaum lag. „Ist das alles für mich?" fragte sie.
„Na, freilich", sagte die Mutter, und der Vater fügte hinzu: „Nun fang schon mit dem Auspacken an!"
Das ließ sich Gisela nicht zweimal sagen. Sie stürzte sich auf die goldenen Päckchen und begann, die großen roten Schleifen aufzuziehen. Welche Herrlichkeiten kamen da zum Vorschein! Ein Kasten mit bunten Bauklötzen, eine Puppe, die wie ein richtiges lebendiges Baby aussah, ein Paar rote Schuhe mit weißen Blümchen darauf und noch viele wunderbare Dinge mehr. Gisela packte alles ganz langsam aus, damit die Bescherung möglichst lange dauerte.
Aber schließlich lag doch nur noch ein einziges Paket unter dem Weihnachtsbaum. Es war lang und dünn und fühlte sich ganz hart an. Was mochte wohl drin sein? Vorsichtig zog sie die Schleife auf und öffnete das Goldpapier. Als erstes sah sie zwei lange, dünne Beine mit riesigen blauen Stiefeln daran. Verwundert schob sie das Papier ganz zur Seite. Dann rief sie: „Ein Hampelmannzauberer!"
Und tatsächlich, so war's. Ein hölzernes Männlein lag vor ihr, das mit einem dunkelblauen Mantel mit tausend gol-

denen Sternen darauf bekleidet war. Es hatte ein rosiges Gesicht mit hellblauen Augen, einer Himmelfahrtsnase und einem großen roten Mund. Auf dem Kopf trug das Männlein einen hohen, spitzen Hut, und in der Hand hielt es einen kleinen schwarzen Zauberstab. Und als Gisela den kleinen Mann in die Höhe hielt und an der Schnur zog, die zwischen seinen Stiefeln herunterbaumelte, da sausten seine Arme und Beine nach oben, als ob er einen Luftsprung machen wollte.

„Ein Hampelmannzauberer", rief Gisela noch einmal, „und ganz bestimmt der schönste Hampelmann der Welt!"

Sie spielte den ganzen Abend mit ihren neuen Sachen. Aber zwischendurch beguckte sie immer wieder das hölzerne Männlein in seinem Sternenmantel. Bevor sie schlafen ging, mußte ihr der Vater noch einen Nagel in die Wand schlagen, haargenau über dem Bett, damit Gisela ihren Hampelmann immer ansehen konnte.
Als sie unter die Decke geschlüpft war, kamen die Eltern zum Gute-Nacht-Wünschen. Gisela sagte: „Ihr seid die besten Eltern von der Welt. Und das war der schönste Tag in meinem Leben!"
„Na, dann warte mal bis zum nächsten Weihnachtsabend. Vielleicht wird's da noch schöner", meinte der Vater.
Aber Gisela schüttelte den Kopf. „Nein", sagte sie, „noch schöner kann es nicht werden!" Sie guckte noch einmal auf das Männchen über ihrem Bett, dann löschten die Eltern das Licht, und Gisela war allein.
Sie kuschelte sich unter der warmen Decke zusammen

und dachte nach. Warum konnte es nicht öfter so herrliche Tage geben? Jetzt war der schönste Tag von Weihnachten wieder vorbei, und sie mußte ein ganzes Jahr warten, bis es wieder Weihnachtsgeschenke gab. Gisela wurde ein bißchen traurig und dachte an die vielen Päckchen mit den roten Schleifen. „Ich wünsche mir, daß jeden Tag Weihnachten ist", sagte sie laut.
„Wünschst du dir das wirklich?" fragte da eine tiefe, brummige Stimme.
Gisela kriegte einen fürchterlichen Schreck, und es dauerte eine ganze Zeit, bis sie sich traute zu fragen: „Wer bist du?"
„Moment, Moment", brummte es, „ich muß nur rasch etwas Licht zaubern:

> Komm, mein lieber Zauberstab,
> schwinge auf und schwinge ab,
> hoch den Arm und hoch das Bein,
> leuchte, leuchte, heller Schein!"

Schon war es im Zimmer hell, und Gisela sah sich um. Aber da war niemand!
„Hier bin ich", brummte es und lachte leise dazu, „hier an der Wand!" Und wirklich, der kleine Hampelmann war es, der mit ihr sprach und vergnügt mit Armen und Beinen schlenkerte.
„Du kannst sprechen?" fragte Gisela verwundert.
„Natürlich! Schließlich bin ich ein Zauberer, und ein Zauberer kann alles, selbst wenn er nur ein Hampelmannzauberer ist."

„Das ist fein!" jubelte Gisela. „Dann kannst du mir auch einen Wunsch erfüllen?"

„Selbstverständlich kann ich das", sagte der Hampelmannzauberer stolz.

„Oh, bitte, dann mach, daß jeden Tag Weihnachten ist!" bettelte Gisela.

„Willst du das auch wirklich?" fragte der Hampelmann.

„Ja, ganz, ganz wirklich. Jeden Tag Weihnachten, das ist das Allerschönste!"

„Ist in Ordnung", brummte der Hampelmannzauberer, „wenn du es wirklich willst. Aber du mußt ein bißchen Geduld haben. Denn das ist ein schwieriger Zauber!" Er verstummte und blickte eine Zeitlang vor sich hin. Gisela beobachtete ihn gespannt.

Plötzlich sprach das Zaubermännchen wieder, mit lauter Stimme, und der Arm mit dem Zauberstab sauste auf und nieder:

„Tannengrün und Apfelrot,
Pfefferkuchen, Zuckerbrot,
Lichterglanz und Kerzenschein,
jeden Tag soll Weihnacht sein.
Gisela soll täglich haben
Goldpapier mit hundert Gaben,
jeden Abend Weihnachtspracht,
ob ihr das wohl Freude macht?
Komm, mein lieber Zauberstab,
schwinge auf und schwinge ab,
hoch den Arm und hoch das Bein,
schlaf jetzt, Gisela, schlaf ein!"

Leiser und leiser wurde seine Stimme, langsam erlosch das Licht, und Gisela schlief ein.

Sie wachte auf, als die Mutter in ihr Zimmer kam und rief: „Guten Morgen, du Langschläferin! Freust du dich schon?"

„Wieso freuen?" fragte Gisela erstaunt.

„Na, heute ist doch Weihnachten! Hast du etwa den schönsten Tag des Jahres vergessen?"

Erst wußte Gisela gar nicht, was sie dazu sagen sollte. Aber dann fiel ihr ein, was in der Nacht geschehen war, und sie dachte: „Hurra, der Hampelmannzauberer hat meinen Wunsch erfüllt!" Gespannt wartete sie, bis der Abend kam. Und tatsächlich! Wieder strahlte der Christbaum im Lichterglanz, wieder lagen viele goldene Päckchen um ihn herum. Begeistert machte sich Gisela ans Auspacken. Und als sie dann ins Bett ging, sagte sie zu ihren Eltern: „Das war der schönste Tag in meinem Leben!"

Am nächsten Tag ging es genauso, auch am übernächsten und am überübernächsten. Aber merkwürdig, Gisela hatte bald überhaupt keine Freude mehr daran. In ihrem Zimmer türmten sich die neuen Sachen. Sie konnte gar nichts mehr damit anfangen. Mit welcher Babypuppe sollte sie spielen? Sie hatte zehn davon! Welche von den neuen Schuhen sollte sie anziehen? Die grünen? Die blauen? Die gelben? Sie wußte es nicht. Die Spiele, die Bilderbücher, die Bauklötze, alles lag unbeachtet in der Ecke, denn Gisela hatte keinen Spaß mehr daran.

Sie freute sich überhaupt nicht mehr, wenn sie an den Abend dachte. „Schon wieder die blöden Päckchen

auspacken!" dachte sie. Mürrisch hockte sie zwischen den Geschenkebergen und guckte wütend zum Hampelmannzauberer hinüber. „Du bist schuld", sagte sie zornig, „du bist schuld, daß mir Weihnachten überhaupt keinen Spaß mehr macht."
Aber das hölzerne Männlein rührte sich nicht.
So verging ein Weihnachtstag nach dem anderen, und Gisela wurde immer trauriger. An einem Abend, als sie wieder im Wohnzimmer den Weihnachtsbaum und die goldenen Päckchen sah, rannte sie in ihr Zimmer und warf sich im Dunkeln aufs Bett. „Nein, nein", schrie sie, „ich will nicht mehr, daß jeden Tag Weihnachten ist!"
„Wirklich nicht?" fragte da eine tiefe, brummige Stimme.
„Nein, nein", sagte Gisela schnell.
„Immer mit der Ruhe", brummte es, „erst will ich mal ein bißchen Licht zaubern:

> Komm, mein lieber Zauberstab,
> schwinge auf und schwinge ab,
> hoch den Arm und hoch das Bein,
> leuchte, leuchte, heller Schein!"

Da wurde es hell, und der Hampelmannzauberer an der Wand lächelte Gisela freundlich an. „Na, kleine Weihnachtsmaus", sagte er, „es ist wohl doch nicht so schön, wenn jeden Tag Weihnachten ist?"
„Nein, wirklich nicht", erwiderte Gisela. „Es ist ganz furchtbar entsetzlich und ganz gräßlich langweilig! Bitte, bitte, mach es wieder wie früher!"
„Na gut, weil du es bist", sagte der Hampelmannzauberer und winkte ihr freundlich zu. Er blieb noch ein kleines

Weilchen still und rief dann mit lauter Stimme:

„Tannengrün und Apfelrot,
Pfefferkuchen, Zuckerbrot,
Lichterglanz und Kerzenschein
soll'n im Jahr nur einmal sein.
Was man jeden Abend hat,
kriegt man bald schon gründlich satt.
Komm, mein lieber Zauberstab,
schwinge auf und schwinge ab,
hoch den Arm und hoch das Bein,
schlaf jetzt, Gisela, schlaf ein!"

Leiser und leiser wurde seine Stimme, das Licht erlosch, und Gisela schlief ein. Ganz von allein wachte sie auf, als die Sonne sie an der Nase kitzelte. Gleich sprang sie aus dem Bett und sah sich um. Die Spielzeugberge waren verschwunden, nur eine Babypuppe lag noch da, ein Baukasten, ein Paar neue Schuhe, ein Bilderbuch.
Gisela sah zur Wand hinüber, wo der Hampelmannzauberer hing. Ganz unschuldig hing er da, als ob er überhaupt nicht reden und zaubern könnte.
„Danke schön", sagte Gisela, „das hast du sehr gut gemacht." Und sie war sehr froh. Da zwinkerte ihr der Hampelmannzauberer lustig zu, nur einmal ganz kurz. Von da an hing er immer still an der Wand. Doch manchmal, wenn Gisela einen ganz großen Wunsch hatte, dann glaubte sie zu hören, wie es leise über dem Bett murmelte:

„Komm, mein lieber Zauberstab,
schwinge auf und schwinge ab..."

Ein versalzener Advent

Marion naschte für ihr Leben gern. Und das sah man ihr auch an. Sie hatte ganz dicke Backen, und über ihren Bauch wollen wir gar nicht erst reden. Den ganzen Tag lutschte und kaute sie: Gummibärchen, Schokolade, Karamellbonbons, alles, was süß und klebrig war. Ihr ganzes Taschengeld ging für Süßigkeiten drauf, und wenn eine von ihren beiden Omas mal ein Fünfmarkstück springen ließ, ratet mal, was sie dafür kaufte!
Alles Schimpfen der Eltern nutzte nichts. Sogar wenn ihr Bruder Jochen „Hamsterbacke" zu ihr sagte, streckte sie ihm nur die Zunge heraus und schob schnell ein neues Bonbon in den Mund.
Marions Lieblingszeit war die Weihnachtszeit. Die tollste Naschzeit des Jahres! Der Nikolaus brachte immer einen großen bunten Teller. Die Omas schickten Päckchen vom Christkindlmarkt – mmh, gebrannte Mandeln, Dominosteine und Schokoladensterne: einfach köstlich! Aber das Beste waren Mutters Weihnachtsbäckereien: Zimtsterne, Butterplätzchen und vor allem die gefüllten Lebkuchen. Große runde Dinger waren das, aus zwei Hälften, bis zum Platzen mit Marmelade gefüllt und dann in Schokolade getaucht. Einfach unbeschreiblich gut waren sie, fand Marion.
Auch in diesem Jahr hatte die Mutter wieder welche

gebacken. Marion hatte dabei helfen dürfen und natürlich zwei-, dreimal heimlich einen Finger in den süßen Teig gesteckt und blitzschnell abgeleckt. Aber kaum waren die Kuchen fertig und Marion wollte gerade zugreifen, da hieß es: „Finger weg! Daß du ja keinen anrührst! Die sind für Weihnachten!" Ganz streng klang die Stimme der Mutter. Da gab es keine Widerrede.
Dabei hatte Marion so großen Appetit. Seit Tagen hatte sie keine einzige Süßigkeit gegessen. Das Taschengeld mußte sie doch unbedingt für Weihnachtsgeschenke sparen, und ein Omapäckchen war auch noch nicht gekommen. Auf dem Nikolausteller waren nur Nüsse gelegen und sonst lauter nützliche Sachen: Filzstifte, ein Buch, ein neuer Schal. Alles ganz nett, aber nichts davon konnte man kauen. Ach ja, als Naschkatze hatte man es schwer.

Dann kam der zweite Advent. Am Nachmittag um vier rief der Vater: „Hallo, Kinder, es gibt Kakao und Kuchen!"

Marion ließ sich nicht zweimal rufen. Sie lief ins Eßzimmer. Da war schön gedeckt, zwei Kerzen brannten, und die Eltern saßen schon am Tisch. Von Jochen war nichts zu sehen. Natürlich, der Lümmel trieb sich wieder mal herum! Marion setzte sich und guckte verlangend auf den großen Kuchenteller. Sandkuchen gab es. Na ja ... Aber da lagen auch vier Schokoladelebkuchen. Vier! Marion rechnete nach. Da kriegte ja jeder bloß einen! Immerhin, besser als nichts.

Die drei unterhielten sich, die Eltern tranken Kaffee und Marion Kakao. Sie aß zwei Stück Sandkuchen und dann zum Schluß – oh, war der gut! – ihren gefüllten Lebkuchen.

Jochen war immer noch nicht gekommen. Aber sein Schokoladelebkuchen lag da. Ein besonders großer und prächtiger. Der wartete doch nur darauf, gegessen zu werden.
Marion fragte schüchtern: „Also, wenn der Jochen schon nicht da ist, kann ich dann vielleicht..."
„Nichts da", sagte der Vater, „der wird aufgehoben."
Marion seufzte. Aber was konnte man da schon machen? Nach dem Kaffeetrinken bliesen sie die Kerzen aus und räumten gemeinsam den Tisch ab. Nur Jochens Teller mit dem großen Lebkuchen darauf ließen sie stehen. Dann ging Marion in ihr Zimmer, um zu spielen. Aber sie war nicht recht bei der Sache.
„Ich will doch mal nachschauen", dachte sie, „ob Jochen inzwischen gekommen ist und seinen Kuchen gegessen hat." Sie schlich sich ins Eßzimmer und knipste das Licht an. Nein, der lag noch auf dem Teller, braun und verlockend. „Wo nur der Jochen bleibt", dachte Marion. „Der verdient so einen herrlichen Lebkuchen überhaupt nicht!"
Sie trat an den Tisch. „Nur mal riechen! Oh, wie der duftet! Jetzt eß' ich ihn einfach." Marion streckte die Hand aus. „Nein, doch lieber nicht. Sonst gibt es Krach!" Sie merkte, wie ihr das Wasser im Mund zusammenlief. „Wenn ich ihn jetzt esse", überlegte sie, „vielleicht denkt Mutti dann, Jochen hat ihn gegessen. Und Jochen weiß ja gar nicht, daß er einen kriegen soll." Gesagt, getan. Schnell griff Marion nach dem Kuchen und biß kräftig hinein. Pfui Spinne! Das schmeckte ja gräßlich! So

scheußlich scharf, daß Marion die Tränen in die Augen traten.

Plötzlich gluckste und kicherte es vor der Eßzimmertür. Lachend kamen die Eltern und Jochen herein. Der grinste sie an, der freche Kerl, und sagte: „Vielen Dank, daß du meinen Kuchen gegessen hast. Ich mag nämlich keine Lebkuchen, die mit Salz und Senf gefüllt sind."

Marion schaute ihn sprachlos an. Dann rannte sie mit vollem Mund aus dem Zimmer. Die drei lachten hinter ihr her. So eine Gemeinheit! Sie ging ins Bad und spülte sich gründlich den Mund aus. „Senf und Salz! Na wartet nur, euch werde ich's zeigen", dachte sie wütend. „Ich esse überhaupt keine Süßigkeiten mehr. Nie, nie mehr!"

Keine Süßigkeiten mehr? Ob sie das wohl ausgehalten hat?

Verena ist so froh

Die ganze Familie saß noch am Abendbrottisch, nur Verena war schon in ihr Zimmer gegangen. Plötzlich konnte man sie ganz laut singen hören: „Hollahi, hollaho, ich bin so schrecklich, schrecklich froh!"
Verena sang ziemlich falsch, aber man hörte, daß sie wirklich froh war. Und es ist doch besser, falsch und froh zu singen als richtig und traurig. Deshalb lachten alle und waren vergnügt, weil Verena so fröhlich sang: „Hollahi, hollaho, ich bin so schrecklich, schrecklich froh!" Der Vater meinte: „Ich möchte doch wissen, warum sie so gute Laune hat", und rief: „Verena, kannst du mal eben kommen?" Gleich stürmte Verena die Treppe hinunter und tanzte ins Zimmer. „Warum bist du denn so fröhlich?" fragte der Vater. Verena war ganz erstaunt. Sie legte einen Finger ans Näschen und überlegte. „Ich bin eben einfach froh", sagte sie. Aber plötzlich sprudelte es aus ihr heraus: „Weißt du, du bist da, und die Mama ist da, und der Christian und die Julia sind da, und gleich gehe ich in mein gemütliches Bett, und heute hat es geschneit, und vielleicht scheint morgen die Sonne, und bald ist Weihnachten. Deshalb bin ich ganz schrecklich froh." Da sagte der Vater: „Ach so ist das! Na, dann sollten wir wohl alle ganz schrecklich froh sein!"
Und das fanden die anderen auch.

Wie Fips dem Mond eine Kerze brachte

Fips war ein kleiner Junge. Wenn man ihn anguckte, mußte man gleich lachen, weil er so viele lustige Sommersprossen hatte und weil seine blonden Haare wie Stacheln in die Höhe standen. Natürlich hieß er auch nicht Fips, sondern Philipp. Aber als er noch ganz klein war, konnte er noch nicht „Philipp" sagen. Es kam immer nur „Fip" heraus. Und so nannten ihn alle Fips.
Fips hatte viele Freunde: Günter, Peter und Christian aus dem Nachbarhaus, die kleine Angelika aus dem Kindergarten und viele andere. Und noch einen Freund hatte er, einen ganz großen. Und das war der Mondmann. Einmal hatte er dem Vater von ihm erzählt. „Weißt du, Papi, da oben am Himmel wohnt ein Mann. Er sitzt auf einem Stern und guckt auf die Menschen herunter. Auf seinem Kopf trägt er eine große Glaskugel mit einer dicken Kerze darin. Und nachts, wenn alles dunkel ist, dann leuchtet die Kerze auf die Erde herab."
Wißt ihr, was ihm der Vater da antwortete? „Aber Fips", sagte er, „der Mond ist doch nur ein großer Stein! Die Sonne scheint auf ihn drauf, und deshalb leuchtet er." Aber Fips wußte es natürlich viel besser. Nachts schien doch die Sonne gar nicht. Wie konnte sie da den Mond beleuchten? Nein, da oben saß der Mondmann mit seiner Kerze. Und Fips war sein Freund. Nachts, wenn er im

Bett lag, mußte die Mutter die Gardinen offenlassen, damit Fips durch das Fenster den Mondmann sehen konnte. Und dann erzählte er ihm alles Lustige und Traurige, was er erlebt hatte. Der Mondmann hörte ihm immer ruhig zu und lächelte. Ganz deutlich konnte Fips das im Schein der großen Mondlaterne sehen.

Nur eines konnte er lange nicht verstehen: Oft war das Mondlicht nur ganz klein und schmal, manchmal war es ganz verschwunden. Aber eines Abends fiel ihm ein, warum das so war. Der Mondmann mußte sich ja auch mal anders hinsetzen, wenn ihm die Füße eingeschlafen

waren oder wenn ihm der Rücken weh tat. Dann konnte man die Laterne nicht mehr so gut sehen. Und manchmal war ja auch die Kerze ausgebrannt, dann saß der Mondmann im Dunkeln.

So dauerte die Freundschaft zwischen Fips und dem Mondmann schon eine lange Zeit. Aber eines Tages, es war kurz vor Weihnachten, konnte Fips den Mond überhaupt nicht mehr sehen. Draußen war es bitter kalt, und Tag und Nacht fiel der Schnee vom Himmel. Die Häuser hatten schon eine Schneemütze, und das ganze Land war weiß. Jeden Abend guckte Fips, ob sein Freund, der Mondmann, nicht zu sehen war. Aber nichts. Der ganze Himmel war schwarz. Fips wurde immer betrübter. Nun konnte er dem Mondmann nichts von Heiligabend erzählen und ihm womöglich seine Geschenke gar nicht zeigen.

Am Abend, als Fips im Bett lag, dachte er: „Warum kann ich den Mondmann nicht sehen? Warum ist der Himmel so dunkel? Ob der Mondmann keine Kerze mehr hat?" Na klar, das mußte es sein! Der Mondmann hatte einfach keine Kerze mehr. Schrecklich! Dann mußte er ja zu Weihnachten im Dunkeln sitzen! Fips dachte: „Ich muß ihm unbedingt eine Kerze bringen! Dann kann er Heiligabend wieder leuchten und zu mir herunterschauen." Kaum hatte er das gedacht, da spürte er, wie etwas Weiches, Feuchtes an seine Hand stupste. „Ich bin das Mondkalb", sagte ein zartes, leises Stimmchen. „Dein Freund, der Mondmann schickt mich. Er braucht unbedingt eine neue Kerze, und du sollst sie ihm bringen."

Gleich war der Fips hellwach. „Natürlich, das mache ich!" sagte er. Und schon lief er, so leise und schnell er nur konnte, in die Küche. Aus der Schublade, in der die Weihnachtskerzen lagen, holte er die dickste heraus. Und eine Schachtel mit Zündhölzchen nahm er auch mit. Dann lief er zurück in sein Zimmer.

„Hast du die Kerze?" fragte das Mondkalb.

„Hab' ich. Und Zündhölzchen auch", erwiderte Fips. „Aber wie kommen wir den weiten Weg bis zum Mondmann hinauf?"

„Das wirst du schon sehen", sagte das Mondkalb und stupste ihn mit seinem feuchten Näschen. Da ging er zum Fenster und sah, daß es weit offenstand. Als er seinen Kopf hinausstreckte, sah er eine lange, lange Strickleiter, die ein bißchen in der Dunkelheit schimmerte. „Sie ist aus Sternschnuppen geflochten", sagte das Mondkalb. „Steig nur hinauf."

Also kletterte Fips aus dem Fenster und stieg auf der Leiter empor, Stufe für Stufe. Hinter ihm kletterte das Mondkalb. Nur manchmal schnaufte es ein bißchen und machte „muh". Eine lange Zeit ging das so, und Fips wurde schon müde. Endlich rief das Mondkalb: „Wir sind da!" und stupste ihn mit seinem Näschen gerade ins Hinterteil. Da bekam Fips so viel Schwung, daß er sich hinaufziehen und auf den Boden fallen lassen konnte. Er keuchte ordentlich. Kein Wunder, denn von der Erde bis zum Mond klettern, das ist schon eine ganz schöne Leistung! Neugierig sah er sich um, so gut das in der Dunkelheit ging. Der Boden war flach wie ein Kuchenteller, aber mit

lauter Zacken am Rand, die ganz schwach leuchteten. „Das ist der Stern, auf dem der Mondmann und ich wohnen", sagte das Mondkalb. „Aber er leuchtet nur ein winziges bißchen. Es ist ja so traurig, im Dunkeln sitzen zu müssen!" Ein weinerliches „Muh" ertönte.

Fips drehte sich um, bis er im schwachen Licht des Sterns das Mondkalb erkennen konnte. Er streichelte ihm das Fell. „Sei nicht mehr traurig, jetzt bin ich ja da!" sagte er. „Gehen wir jetzt zum Mondmann?"

„Ja, lauf nur hinter mir her", sagte das Mondkalb und hüpfte so schnell davon, daß Fips kaum nachkommen konnte.

Plötzlich erklang von hoch oben eine Stimme. „Guten Abend, Fips. Hast du mir ein Licht mitgebracht?"

Fips sagte: „Guten Abend, lieber Mondmann! Natürlich habe ich dir ein Licht mitgebracht. Unter Freunden muß man sich doch helfen!"

Da lachte der Mondmann und meinte: „Dann gib es nur gleich her!"

Fips sah neben sich eine große schwarze Hand und legte die Kerze und auch die Zündhölzer hinein. Die Hand verschwand, und gleich darauf wurde es strahlend hell.

Staunend sah Fips sich um. Neben ihm stand das Mondkalb. Es machte laut „muh, muh!" und sprang vor Freude mit allen vieren in die Luft. „Endlich haben wir wieder Licht! Endlich ist die Dunkelheit vorbei!"

„Ja, da sind wir wirklich froh", sagte der Mondmann. „Lieber Fips, wir sind dir sehr dankbar!"

„Ach, das habe ich gern getan. Wir sind doch Freunde", meinte der Fips und schaute zum Mondmann hinauf. Der war ein mächtig großer Mann und saß auf einem großen Stuhl. Er trug goldene Pantoffeln und hatte einen goldenen Morgenmantel an. Sein Gesicht war ein richtiges rundes Mondgesicht, und die Augen darin strahlten freundlich. Über der spiegelblanken Glatze des Mondmanns war eine große gläserne Kugel befestigt, und darin leuchtete Fips' Kerze. „Weißt du", sagte der Mondmann, „eine Kerze brennt hier oben bei uns viele, viele Jahre. Wenn das Mondkalb und ich müde geworden sind, dann lösche ich sie aus, und wenn wir ausgeschlafen haben, dann zünde ich sie wieder an."
„Ach so", rief Fips, „deshalb konnte ich dich manchmal nicht sehen!"
„Ja, genau", antwortete der Mondmann. „Und erst, wenn sie ganz heruntergebrannt ist, dann darf das Mondkalb auf die Erde gehen. Dort besucht es einen Menschen, der ein wirklicher Mondfreund ist, und bittet ihn um eine neue Kerze. Das geschieht nur alle hundert Jahre. Aber diesmal, als die Kerze schon fast heruntergebrannt war, hat es so furchtbar geschneit. Und eine besonders dicke Schneeflocke ist in die Glaskugel geraten und hat mit einem lauten Zischen die Kerze ausgelöscht. Bevor sie ganz abgebrannt war! Deshalb mußten wir so lange im Dunkeln sitzen, bis die hundert Jahre ganz vorbei waren und das Mondkalb zu dir heruntersteigen durfte. Und wenn du jetzt nicht gekommen wärst, hätten wir auch zu Weihnachten im Dunkeln sitzen müssen."

„Da bin ich aber froh, daß ich noch rechtzeitig gekommen bin", sagte der Fips.
Dann fragte der Mondmann: „Möchtest du einmal auf die Erde hinuntersehen?"
„O ja, sehr gern", erwiderte Fips. Da nahm ihn der Mondmann auf seine große Hand. Fips blickte hinunter und sah direkt auf das Haus seiner Eltern. Das Dach mit seiner Schneehaube leuchtete weiß. Und da, hinter dem offenen Fenster konnte er sein Bett sehen! Da bekam Fips plötzlich Heimweh, und furchtbar müde war er auch.
„Nun muß ich aber schnell nach Haus", sagte er.
„Dann geh nur", lachte der Mondmann. „Aber morgen mußt du uns erzählen, was du zu Weihnachten alles geschenkt bekommen hast! Und vielen Dank für deine Hilfe!"
Fips verabschiedete sich, und das Mondkalb brachte ihn zurück zur Leiter. Als er unten angekommen war, legte er sich schnell in sein warmes Bett und schlief gleich ein. Am nächsten Morgen war die Leiter verschwunden. Aber am Abend, am Heiligen Abend, leuchtete der Mond ganz wunderbar hell am Himmel. Später erzählte der Fips haarklein alles, was er zu Weihnachten bekommen hatte. Da hörte er ganz deutlich den Mondmann lachen, das Mondkalb machte „muh", und Fips dachte stolz: „Ohne mich würden sie jetzt im Dunkeln sitzen!"
Dann winkte er noch einmal zu der großen goldenen Kugel hinauf und sagte: „Wenn ihr wieder ein Licht braucht, dann ruft mich nur! Wozu hat man schließlich einen Freund!"

Wie sieht denn nur das Christkind aus?

Der Peter kommt zum Onkel Klaus.
„Kannst du mir bitte sagen:
Wie sieht denn wohl das Christkind aus?
Schon lang wollt' ich dich fragen."

Der alte Onkel streicht den Bart.
„Es läßt sich selten sehen.
Doch ist's von ganz besondrer Art:
Es kann durch Mauern gehen.

Es schwimmt in einer Nacht durchs Meer,
fliegt schnell wie eine Möwe,
ist stärker als ein grauer Bär
und mutig wie ein Löwe.

Man sagt, es sei recht zart und klein,
und das seit vielen Jahren.
Es könnt' von brauner Farbe sein,
mit krausen schwarzen Haaren.

Vielleicht hat es auch weiße Haut
und Haare blond wie deine;
vielleicht ist es schon lang ergraut,
vielleicht hat's krumme Beine."

Der Peter ruft: „Das kann nicht sein!
Das kann ich nicht verstehen!
Mit krummen Beinen? Zart und klein?
Und kann durch Mauern gehen?

Ist stärker als ein grauer Bär
und mutig wie ein Löwe?
Und schwimmt in einer Nacht durchs Meer,
fliegt schnell wie eine Möwe?

Nein, nein, wenn es das alles kann,
dann ist, da bin ich sicher,
das Christkind ja ein Supermann,
nur noch viel fürchterlicher!

Das Christkind ist ein großer Held,
und alle Jahre wieder
kommt im Advent es auf die Welt,
schlägt böse Menschen nieder!

Den guten aber bringt es dann
die herrlichsten Geschenke.
Das Christkind ist ein Supermann!
Das ist es, was ich denke!"

Der Onkel sagt: „Kein starker Held,
will nicht Geschenke bringen
und will das Böse auf der Welt
nicht mit der Faust bezwingen.

Es kommt nicht nur zur Weihnachtszeit,
nicht nur beim Schein der Kerzen.
Es kommt in Freude und in Leid
direkt in unsre Herzen.

Und wenn dein Herz voll Feindschaft ist,
ist's mutig wie ein Löwe,
und wenn du in der Ferne bist,
fliegt's schnell wie eine Möwe.

Es schwimmt in einer Nacht durchs Meer,
um Menschen zu erreichen,
kämpft tapfrer als der graue Bär,
um Herzen zu erweichen.

Es liebt die Menschen alle gleich,
die auf der Erde leben,
ob weiß, ob schwarz, ob arm, ob reich,
will allen Frieden geben."

Da ruft der Peter: „Onkel Klaus,
ich will das Christkind sehen!
Drum sag mir jetzt: Wie schaut es aus?
Und kann ich zu ihm gehen?"

Der alte Onkel lächelt fein:
„Das mußt du selbst ergründen!
Schau einfach in dich selbst hinein,
dann wirst du es schon finden!"

Drei suchen das Christkind

In einem großen Dorf lebte einmal ein Huhn. Es steckte mit zehntausend anderen Hühnern in einer großen Halle. Sein Käfig war so klein, daß es gerade darin stehen konnte. Über ihm, neben ihm und unter ihm hockten Hühner. Sie alle konnten sich kaum bewegen und hatten den ganzen Tag nichts anderes zu tun, als Körner zu fressen und Eier zu legen. Dazwischen durften sie gackern. Wenn aber zehntausend Hühner gackern, gibt das einen rechten Höllenlärm. Doch was sollten sie sonst tun? Also gackerten die Hühner, auch wenn ihnen die Ohren weh taten.

Auf diese Weise mußte das arme Huhn seine Tage verbringen. Die meisten von euch denken sicher: „Das macht doch nichts; ein Huhn hat doch keine Seele, also spürt es gar nicht, was mit ihm geschieht." Aber das stimmt nicht.

Unser Huhn jedenfalls hatte eine solche Sehnsucht nach Freiheit, daß es eines Tages, als die Käfigtür für einen Moment geöffnet wurde, blitzschnell aus dem Käfig hüpfte und ins Freie flatterte.

War es da schön! Das ganze Land war mit Schnee bedeckt und glitzerte in der Sonne. Das Huhn gackerte vor Freude und rannte und flatterte mit neuer Kraft durch das Dorf, bis es in einen Wald kam. Dort begegnete ihm eine Kuh.

Das Huhn grüßte freundlich und fragte, weil es wie alle Hühner furchtbar neugierig war: „Woher kommst du? Wohin willst du?"

Die Kuh antwortete: „Ich habe mit hundert Kühen in einem Stall gelebt, der war so eng, daß wir uns nicht einmal umdrehen konnten. Und angekettet waren wir auch. Den ganzen Tag mußten wir bloß fressen und Milch geben; vor lauter Langeweile machten wir den ganzen Tag ‚muh!' Das war vielleicht ein Krach! Heute habe ich es nicht mehr ausgehalten und bin einfach ausgerissen. Und jetzt sehe ich, wie herrlich die Welt ist!"

„Wir wollen zusammenbleiben", meinte das Huhn. „In Gesellschaft ist die Freiheit noch schöner!"

Also gingen sie miteinander weiter. Nach einiger Zeit trafen sie ein Schwein. „Darf ich mit euch kommen?" fragte es und erzählte ihnen quiekend seine Geschichte. Mit vielen hundert anderen Schweinen hatte es in einem finsteren Raum gehaust, in den niemals ein Sonnenstrahl drang. Wie die Sardinen waren sie dort zusammengepfercht. Den ganzen Tag mußten sie fressen, damit sie recht fett waren, wenn sie geschlachtet wurden. „Und das Gegrunze den ganzen Tag", grunzte das Schwein, „es war nicht zum Aushalten! Aber heute bin ich entwischt, und nie wieder kehre ich dorthin zurück, denn die Welt ist so schön!" Nachdem sie einige Zeit zusammen durch das verschneite Land gewandert waren, seufzte das Huhn auf einmal tief und sagte: „Es ist doch ein Kreuz mit den Menschen. Ich weiß ja, daß sie unsere Eier brauchen, aber warum dürfen wir sie nicht in Freiheit legen?"

„Du hast recht", erwiderte die Kuh, „wir wollen den Menschen auch gerne unsere Milch geben, aber warum zwingen sie uns, in Ketten zu leben?"

Das Schwein quiekte kläglich: „Wenn es denn sein muß, daß uns die Menschen verspeisen, dann sollen sie es in Gottes Namen tun. Wir sind nun mal Schweine und taugen zu nichts anderem, als Schinken und Eisbein zu liefern. Aber warum dürfen wir nicht bis dahin unser Leben genießen?"

Traurig standen die drei beieinander und dachten an ihre armen Freunde. „Was sollen wir jetzt tun?" fragte das Huhn.

Das Schwein überlegte einen Moment und rief dann: „Ich hab's! Wir wollen das Christkind suchen. Das Christkind ist gut zu allen Lebewesen, denn es weiß, daß auch Tiere eine Seele haben."

„Aber wie sollen wir es denn finden?" fragte die Kuh.

„Ich habe einmal gehört", erwiderte das Schwein, „daß ein strahlendes Licht den Weg zum Christkind weist. Danach müssen wir suchen."

Da machten sie sich voller Hoffnung auf den Weg. Schon nach kurzer Zeit sahen sie einen großen Baum, der über und über mit funkelnden Lichtern behangen war. Dahinter stand ein prächtiges Haus.

„Das muß es sein, das muß es sein", jubelten die Tiere, „da wohnt das Christkind!" Gackernd, grunzend und muhend vor Freude liefen sie auf das Haus zu ... und erstarrten vor Schreck. Ein riesiger schwarzer Hund sprang auf sie zu!

„Wau, wau, wau, ihr armseligen Landstreicher, verschwindet, oder ich beiße euch die Gurgel durch!" bellte er wütend und fletschte die Zähne.
In panischer Angst rannten die drei davon. Endlich rief das Schwein: „Ich kann nicht mehr, ich habe ein schwaches Herz!" Da blieben sie zitternd und mit klopfendem Herzen stehen.
„Dort kann das Christkind ja wohl nicht gewohnt haben", keuchte die Kuh, „eher der leibhaftige Teufel!" Sie ruhten sich ein bißchen aus und machten sich dann wieder auf den Weg. Plötzlich schimmerte in der Ferne ein helles Licht. „Da könnte es sein", gackerte das Huhn. „Nichts wie hin!" jauchzte das Schwein, stürmte los und hatte sein schwaches Herz glatt vergessen. Aber gleich darauf quiekte es entsetzt. Es stand vor einem riesigen Schaufenster, darin lagen Würste und Schinken, Rollbraten und gerupfte Hühner in großer Zahl.

„Nichts wie weg", schrie es den anderen entgegen, „rennt um euer Leben, da wohnt nicht das Christkind, da wohnt ein Metzger!"
Hui, wie sie da liefen!
Sie wanderten noch lange Zeit miteinander, aber das Christkind fanden sie nicht. Schließlich sagte das Huhn traurig: „Es hat keinen Zweck. Laßt uns in unsere Ställe zurückkehren, damit wir wenigstens nicht verhungern."
„Es bleibt uns nichts anderes übrig", seufzte die Kuh, „wir sind eben auf die Menschen angewiesen."
Das Schwein ließ den Kopf hängen, und ein paar dicke Tränen tropften in den Schnee. „Also gut", schluchzte es, „gehen wir zurück." Doch dann wischte es sich die Augen, schneuzte sich kräftig und reckte den Rüssel. „Aber die Hoffnung wollen wir deshalb noch nicht aufgeben", sagte es. „Freilich, das Christkind haben wir nicht gefunden. Aber bestimmt gibt es auch Menschen, die von unserer Not wissen. Die werden den anderen eines Tages schon sagen, daß auch Tiere eine Seele haben!"
Getröstet machten sich die drei auf den Heimweg, und hoch über ihnen am Himmel leuchtete ein heller Stern.

Inhaltsverzeichnis

1 Ein Kalender voller Geschichten   11
2 Auch Engel brauchen Urlaub   17
3 Das Lied vom Schneemann Willibald   23
4 Flieg, Schneeball, flieg!   25
5 Florian will Flocken fangen   31
6 St. Nikolaus verläuft sich   35
7 Weihnacht bei Familie Maus   43
8 Vier Wünsche   49
9 Ein Bäumchen, ganz für dich allein!   55
10 Ich freu' mich so auf Weihnachten!   59
11 Heiligabend ohne Vater   61
12 Adventsliedchen   67
13 Herrn Grimmelshausens wundersame Weihnachtsreise   69
14 Plätzchenbacken   77
15 Die Weihnachtszimmertür   79
16 Der Gute-Laune-Zwetschgenmann   85
17 Das Weihnachtsgespenst   93
18 Ein Geschenk fürs Herz   99
19 Der Hampelmannzauberer   103
20 Ein versalzener Advent   113
21 Verena ist so froh   119
22 Wie Fips dem Mond eine Kerze brachte   121
23 Wie sieht denn nur das Christkind aus?   131
24 Drei suchen das Christkind   135